刑事检察工作现代化的基层实践

主　编◎于仲君　赵　恒

副主编◎傅圣敏　李卫东　张　伟

中国检察出版社

图书在版编目（CIP）数据

刑事检察工作现代化的基层实践／于仲君，赵恒主编. —北京：中国检察出版社，2023.11

ISBN 978 - 7 - 5102 - 2956 - 5

Ⅰ.①刑… Ⅱ.①于… ②赵… Ⅲ.①刑事诉讼 - 现代化研究 - 中国 Ⅳ.①D925.204

中国国家版本馆 CIP 数据核字（2023）第 203174 号

刑事检察工作现代化的基层实践

于仲君　赵　恒　主编

责任编辑：葛晓湄
技术编辑：王英英
封面设计：徐嘉武

出版发行：中国检察出版社
社　　址：北京市石景山区香山南路 109 号　（100144）
网　　址：中国检察出版社（www.zgjccbs.com）
编辑电话：(010) 86423784
发行电话：(010) 86423726　86423727　86423728
　　　　　(010) 86423730　86423732
经　　销：新华书店
印　　刷：河北宝昌佳彩印刷有限公司
开　　本：710 mm×960 mm　16 开
印　　张：15.5
字　　数：186 千字
版　　次：2023 年 11 月第一版　　2023 年 11 月第一次印刷
书　　号：ISBN 978 - 7 - 5102 - 2956 - 5
定　　价：50.00 元

前 言

检察工作现代化，是全面贯彻落实习近平新时代中国特色社会主义思想的现代化，是检察工作理念、体系、机制、能力的现代化，是检察工作实现自身高质量发展、服务和保障中国式现代化的必然选择和重要途径。

推进检察工作现代化，是一项光荣而艰巨的任务。检察工作现代化不是与过去完全割裂的，而是既一脉相承又有所创新发展，因此必须坚持守正创新。为此，2023年初，青岛市即墨区人民检察院党组确立了"检察工作现代化的实践与思考"这一贯穿检察工作各环节的重大课题，成立工作专班，并以"刑事检察工作现代化"为先行切入点，对近年来本院在刑事检察工作现代化理念培树、体系建设、机制创新、能力提升等方面的具体实践，进行全面梳理、精心提炼和深入思考，从"刑事检察工作现代化的时代内涵"入手，围绕刑事检察工作"理念、体系、机制、能力"现代化的基层探索，对创新性的检察改革、司法实践的"即墨样本"进行回顾与综述，并加以理论分析和升华，几经修订，最终形成《刑事检察工作现代化的基层实践》一书。

本书为基层检察工作实现现代化提供了一个微观层面的实践样本，以期抛砖引玉，引发大家共同关注、深入研究，促进守正创新、扎实实践，在推进检察工作现代化中为服务保障中国式现代化贡献更多的检察智慧和检察力量。

本书也是青岛市即墨区人民检察院与山东大学法学院开展检校合作的重要成果。特别感谢山东大学法学院硕士研究生李超、史亚男、宋文萱、高智恒、王海蒙、常艳乐、耿倩、赵艳芳等同学在资料整理、实证研究、校对完善等各项工作中提供的帮助与支持。由于时间仓促，本书难免存在一些疏漏，请广大读者批评指正。

编者

2023 年 11 月

目 录

第一章　刑事检察工作现代化的时代内涵

第一节　刑事检察工作现代化的基本概念

党的二十大报告指出："从现在起，中国共产党的中心任务就是团结带领全国各族人民全面建成社会主义现代化强国、实现第二个百年奋斗目标，以中国式现代化全面推进中华民族伟大复兴。"2023 年 2 月，习近平总书记在学习贯彻党的二十大精神研讨班开班式上发表重要讲话指出："推进中国式现代化是一个系统工程，需要统筹兼顾、系统谋划、整体推进，正确处理好顶层设计与实践探索、战略与策略、守正与创新、效率与公平、活力与秩序、自立自强与对外开放等一系列重大关系。"[1]

政法工作现代化是顺利实现中国式现代化的重要保障，也是中国式现代化的重要组成部分。2023 年 1 月，习近平总书记对政法工作作出重要指示强调，要全面贯彻落实党的二十大精神，坚持党对政法工作的绝对领导，提高政治站位和政治判断力、政治领悟力、政治执行力，坚持以人民为中心，坚持中国特色社会主义法治道路，坚持改革创新，坚持发扬斗争精神，

---

[1]《习近平在学习贯彻党的二十大精神研讨班开班式上发表重要讲话强调　正确理解和大力推进中国式现代化》，载人民网 2023 年 2 月 8 日，http://jhsjk.people.cn/article/32619731。

奋力推进政法工作现代化，全力履行维护国家政治安全、确保社会大局稳定、促进社会公平正义、保障人民安居乐业的职责使命，为全面建设社会主义现代化国家、全面推进中华民族伟大复兴贡献力量。各级党委要加强对政法工作的领导，为推进政法工作现代化提供有力保障[1]检察工作作为政法工作的关键组成部分，推动落实检察现代化是实现检察工作"中国式"和"现代性"有机融合的必经之路。检察工作的现代化能否顺利推进关系着政法工作现代化的实际成效。2023年7月，大检察官研讨班指出："为人民司法，让人民满意，是一切检察工作的出发点和落脚点，要始终坚持，全力做实。"[2]2023年8月，最高人民检察院印发的《2023—2027年检察改革工作规划》进一步明确："健全检察机关能动服务大局制度体系，充分运用法治力量服务中国式现代化。"[3]为此，检察机关需以高质量检察履职尽责，密切围绕中国式现代化蓝图，加快推进检察工作现代化，确保检察工作现代化能够更好地服务于中国式现代化。

2023年1月，全国检察长会议指出："要深入学习贯彻习近平总书记对政法工作的重要指示精神，时刻牢记'国之大者'，站位全面建设社会主义现代化国家战略目标，'心无旁骛做好自己的事'，把'两个确立''两个维护'落实到新时代新征程检察工作全过程各环节，依法能动履行法律监督职责，以检察工作现代化融入和助力政法工作现代化、服务中国式现

〔1〕《习近平对政法工作作出重要指示强调 坚持改革创新发扬斗争精神 奋力推进政法工作现代化》，载《人民日报》2023年1月9日，第1版。

〔2〕《一睹为快！大检察官研讨班释放这些重要信号》，载最高人民检察院官网，https：//www.spp.gov.cn/spp/zdgz/tj/202307/t20230720_622128.shtml。

〔3〕《2023—2027年检察改革工作规划》，载最高人民检察院官网，https：//www.spp.gov.cn/xwfbh/wsfbt/202308/t20230807_624017.shtml#2。

代化。"〔1〕会议强调："要深入学习贯彻党的二十大和中央政法工作会议精神，牢牢把握新时代新征程检察工作的历史方位——历史地看：检察工作欣逢最好发展时期；发展地看：检察工作面临更高履职要求。要牢牢把握中国式现代化、政法工作现代化的本质要求和重大原则，正确认识检察工作现代化的深刻内涵——检察工作现代化的先导是法律监督理念现代化；重点在于法律监督体系现代化；关键在于法律监督机制现代化；基础在于法律监督能力现代化。要把握党和国家工作的中心任务与首要任务，切实履行检察职能，加强法律监督，充分运用法治力量服务中国式现代化。"〔2〕

"随着国家法治不断发展进步，检察职能也不断充实完善，形成了刑事检察、民事检察、行政检察、公益诉讼检察'四大检察'职能。这是新时代检察机关法律监督的主体框架和检察工作进一步创新发展的'基本盘'。"〔3〕"四大检察"应当协调发展、同步推进："做优刑事检察工作，通过完善办案机制，把捕诉一体在办案质量和效率方面的优势发挥出来；做强民事检察工作，在'深'字上做文章，进一步拓宽思路、积极作为，将民事检察工作做得更实更富成效；做实行政检察工作，要做到精准，抓好典型性、引领性案件的监督，做一件成一件、成一件影响一片，争取双赢多赢共赢效果；做好公益诉讼检察工作，加大工作力度。"〔4〕

"刑事检察是检察机关最基本、最核心的业务，是履行检

---

〔1〕邱春艳：《最高检：以检察工作现代化服务中国式现代化》，载最高人民检察院官网，https：//www.spp.gov.cn/tt/202301/t20230108_597985.shtml。

〔2〕邱春艳：《最高检：以检察工作现代化服务中国式现代化》，载最高人民检察院官网，https：//www.spp.gov.cn/tt/202301/t20230108_597985.shtml。

〔3〕巩宸宇：《最高检：坚定中国特色社会主义检察制度自信　矢志不渝将之坚持好发展好》，载最高人民检察院官网，https：//www.spp.gov.cn/spp/tt/202304/t20230419_611799.shtml。

〔4〕祁彪：《做到"四大检察"，向何方？》，载《民主与法制周刊》2020年第6期。

察机关法律监督职能，发挥检察机关在国家政治、经济、社会生活中保障法律实施作用的最为重要的方式和途径。"[1] 因此，刑事检察作为国家法律制度、司法制度的重要组成部分，承担着追诉犯罪、诉讼监督等重要职能。[2]

2023 年 7 月，大检察官研讨班指出："刑事检察重在推动构建以证据为核心的刑事指控体系。"[3] 刑事检察现代化要求检察工作必须适应刑事犯罪结构发生显著变化的新形势新要求，检察机关在更新现代刑事检察理念的基础上，逐步实现刑事检察工作体系、机制、队伍的创新完善，推动构建以证据为核心的刑事指控体系，[4] 最终提升刑事检察工作质效。[5] 概言之，刑事检察工作现代化包含理念现代化、体系现代化、机制现代化、能力现代化四个维度。以上四个维度共同构成了刑事检察现代化的全貌。其中，理念现代化是先导，对刑事检察工作起引领作用；体系现代化是重点，涉及刑事检察工作的全局规划；机制现代化是关键，关系到刑事检察各项具体工作的有效运转；能力现代化是基础，是实现刑事检察工作现代化的保障。

第一，"理念一新天地宽，先进的理念为刑事检察工作的创新和发展提供正确的指引"[6]。简言之，刑事检察工作理念

〔1〕 陈国庆：《新时代刑事检察工作的创新与发展》，载《人民检察》2021 年第 21—22 期合刊。
〔2〕 参见陈国庆：《中国式刑事检察现代化的若干问题》，载《国家检察官学院学报》2023 年第 1 期。
〔3〕 巩宸宇：《大检察官研讨班在国家检察官学院开班》，载最高人民检察院官网，ht-tps：//www.spp.gov.cn//tt/202307/t20230719_622012.shtml。
〔4〕 参见《一睹为快！大检察官研讨班释放这些重要信号》，载最高人民检察院官网，https：//www.spp.gov.cn/spp/zdgz/tj/202307/t20230720_622128.shtml。
〔5〕 参见苗生明：《深化刑事检察理论研究 助推刑事司法实践创新发展》，载《人民检察》2023 年第 1 期。
〔6〕 陈国庆：《新时代刑事检察工作的创新与发展》，载《人民检察》2021 年第 21—22 期合刊。

现代化要求检察机关应深入学习贯彻习近平新时代中国特色社会主义思想，贯彻落实高质效办案理念，以刑事检察工作中遇到的新情况新问题为导向，与时俱进深化刑事检察理念的更新。刑事检察工作现代化，最首要的、最关键的是刑事检察工作理念现代化。尤其是，伴随着我国的犯罪结构转型，故意杀人、故意伤害等严重的暴力型犯罪数量下降，而危险驾驶、帮助信息网络犯罪活动等轻罪所占比例不断提高，犯罪"轻罪化"要求刑事检察工作理念及时转变，秉承正确之理念，找准刑事检察工作理念在中国式现代化建设进程的职能定位，稳中求进、守正创新，为做实大局服务。

第二，推进刑事检察工作体系现代化，关键在优化检察机关机构职能体系，重点解决好机构设置规范、职能行使协同、体系运行高效等问题[1] 2019 年 7 月，习近平总书记在深化党和国家机构改革总结会议上强调，完成组织架构重建、实现机构职能调整，只是解决了"面"上的问题，真正要发生"化学反应"，还有大量工作要做。[2] 刑事检察工作体系现代化要求检察机关应进一步优化与完善检察组织机构体系和职能体系，深化配套机制改革，不断提升刑事检察工作的科学性、系统性、有效性，加强职能整合，推进合理分工，[3] 推动实现刑事检察工作体系现代化改革发生"化学反应"。

第三，刑事检察工作创新和发展是一项系统工程，涉及理念更新、职权配置、制度设计、机制完善等，把握好发展的维度和路径十分重要。当前应当以习近平法治思想为指引，在更

---

〔1〕 参见人民法院报评论员：《体系优化基础牢》，载《人民法院报》2023 年 7 月 16 日，第 1 版。

〔2〕《习近平：巩固党和国家机构改革成果　推进国家治理体系和治理能力现代化》，载人民网，http://jhsjk.people.cn/article/31217495。

〔3〕 参见屈辰：《走好检察工作现代化赶考路——专访最高人民检察院党组副书记、分管日常工作的副检察长童建明》，载《瞭望》2023 年第 11 期。

新理念的基础上，顺应中国特色社会主义司法制度和刑事诉讼制度改革的方向、国家治理现代化的要求，在原有良好基础上推进刑事检察工作机制现代化。具体来说，刑事检察工作机制现代化要求检察机关应巩固深化近年来最高人民检察院从顶层设计上建立完善的一系列刑事检察机制，进一步推进刑事检察制度机制改革创新，持续促进刑事检察工作、程序的紧密联系与有效运转。

第四，刑事检察工作能力现代化要求检察机关应与时俱进，不断提升检察人员政治素质、业务素质、职业道德素质，培养一支政治过硬、业务过硬、责任过硬、纪律过硬、作风过硬的检察队伍，锐意改革创新，加强正规化、专业化、职业化建设，牢固树立社会主义法治理念，恪守职业道德，做到忠于国家、忠于人民、忠于法律，为实现刑事检察现代化提供人才和队伍保证。[1]

第二节　刑事检察工作现代化的价值意义

高质量发展是全面建设社会主义现代化国家的首要任务，也是中国式现代化的本质要求。中国式现代化是全体人民共同富裕的现代化，必须以满足人民日益增长的美好生活需要为出发点和落脚点，把发展成果不断转化为生活品质，不断增强人民群众的获得感、幸福感、安全感。面对新时代党和人民对检察工作的更新期待、更高要求，检察机关必须深刻把握中国式现代化的深刻内涵和系统要求，依法履行好法律监督职能，切

---

〔1〕　参见卞建林：《中国式刑事司法现代化的愿景》，载《中国刑事法杂志》2023 年第 1 期。

实肩负起化解社会矛盾与纠纷的责任，坚持以高质效检察工作服务保障中国式现代化，以更高质效监督办案诠释好法律的意义和精神，引领法治进步、助推时代发展、满足人民期盼，以检察工作现代化融入和助力政法工作现代化、服务中国式现代化。

第一，推动落实刑事检察工作现代化能够有效推动法理情相融合，促进矛盾纠纷化解。检察机关在办案过程中准确把握法律规范的保护目的，能够充分体现司法的人道主义关怀，使司法决策经得起法律的检验、历史的检验，实现良法善治。同时，推动刑事检察工作现代化不仅能够解决"法结"，更能够化解"心结"，推动矛盾就地化解、深层化解。检察机关通过积极整合内部资源、科学借助外部资源，努力推动矛盾多元化解。检察机关认真做好认罪认罚教育和转化工作，疏导双方当事人的不满情绪，消除误会，促成犯罪嫌疑人、被告人积极认罪悔罪，通过赔偿损失、赔礼道歉等方式寻求和解谅解。同时，检察机关积极改进工作方法，持续推进领导包案、公开听证、心理疏导等工作，尽最大努力化解矛盾纠纷、解决群众诉求。并且，检察机关落实科学借助外部资源的意识，整合行业专家、社区工作者等多方人员，对接人民调解、律师调解等纠纷化解力量，探索建立矛盾化解大格局。通过借助外部力量，使矛盾化解工作更加高效、便捷、公正，更好地服务于人民群众的合法权益。

第二，推动落实刑事检察工作现代化有助于贯彻落实高质效办案理念。党的二十大报告特别强调："高质量发展是全面建设社会主义现代化国家的首要任务。"检察机关应积极肩负起服务我国社会主义现代化国家建设的重要责任，必须紧紧围绕服务构建新发展格局、推动高质量发展凝心聚力、充分正确履职。法律监督是宪法和法律赋予检察机关的特定职责。要想把服务高质量发展落到实处，自然要通过高质效地履行法律监督职责来实现。刑事检察作为检察机关的基础性、关键性职责，只有检察机关依法能动履职，积极推动刑事检察工作现代化，才能确保"高质效办好每一个案件"的理念落到实处。

第三，推动落实刑事检察工作现代化有助于践行社会主义核心价值观，弘扬公平正义。司法个案具有引导作用，会对社会风气产生深远影响。在办理个案过程中，检察机关充分贯彻法律背后的精神，通过适用法律规则，向社会大众明确正确的价值取向。同时，检察机关通过综合运用公开听证、法庭教育、文书说理、检察开放日、新闻发布会等方式，及时回应社会关切，让当事人以及社会公众更能理解和认可司法机关对案件的处理意见。

第三节　刑事检察工作现代化基层实践的样本价值

青岛市即墨区人民检察院深入贯彻落实习近平新时代中国特色社会主义思想，准确把握中国式现代化的理论内涵，加强检察理论研究，贯彻最高人民检察院提出的以检察工作现代化服务中国式现代化的工作要求，不断增强政治自觉、法治自觉、检察自觉，落实"高质效办好每一个案件"理念，努力实现办案质量、效率与公平正义的有机统一。即墨区人民检察院坚持把党的二十大精神转化为推进检察工作高质量发展的有效方法和内生动力，积极推动落实刑事检察工作现代化，从理念升级、体系完善、机制创新、能力提升等方面入手，不断推进刑事诉讼全流程优化升级，以刑事检察现代化引领检察工作全面现代化。

即墨区人民检察院先后多次召开党组会、检察长办公会、专班专题和支部会议等进行研究，定期邀请上级党组指导，及时解决工作中存在的问题。为推动落实刑事检察工作现代化，即墨区人民检察院探索构建了一批卓有成效的新做法、新模式，例如，即墨区人民检察院坚持党对检察工作的绝对领导，推动党建与检察业务的融合发展，树立"抓好党建是最大政绩"的理念，以"党徽闪耀·检徽同映"党建品牌为统领，以"人案合一"融合模式为核心，通过党建与业务融合的智慧和力量努力破解基层检察工作现代化进程中的难题；即墨区人民检察院于 2020 年 4 月成立专项领导小组和办公室，推进基层检察服务标准化项目建设，并于 2023 年 5 月通过国家标准化委员会验收；打造"一站式"刑事案件诉讼体系，减少当事人诉累，在保证办案质量的同时缩短办案时间，提升诉讼效率；探索刑事诉讼监督背书制度，努力实现办案效果的最优化和检察监督的精准化；准确把握开展涉案企业合规工作的目标任务，以高标准推进企业合规各项工作的贯彻落实。

即墨区人民检察院紧紧围绕党中央关于政法工作现代化的部署要求，立足检察工作实际积极推进检察工作现代化，以高质效法律监督服务经济社会高质量发展，各项检察工作稳中有进。即墨区人民检察院先后获得"全国文明单位""全省无违法违纪无责任事故检察院""全省老年人公益维权示范单位""山东省档案工作科学化管理示范单位""全国先进基层检察院""全国基层院党建与业务融合首批'十大品牌'""山东省知识产权检察职能集中统一履行试点单位""山东省政法英模先进集体""全国检察宣传先进单位""基层检察服务标准化试点"等荣誉，相关工作创新和经验做法获得最高人民检察院、山东省人民检察院、青岛市人民检察院肯定，并被最高人民检察院官网、《检察日报》、《大众日报》等 10 余家线上线下平台刊发推广。

第二章　刑事检察工作理念 现代化的基层探索

第一节　刑事检察工作理念现代化的基本阐释

一、检察工作理念现代化的概括解读

党的二十大报告指出："继续推进实践基础上的理论创新，首先要把握好新时代中国特色社会主义思想的世界观和方法论，坚持好、运用好贯穿其中的立场观点方法。"2023 年 5 月，最高人民检察院党组理论学习中心组（扩大）学习暨主题教育专题辅导报告会指出："检察工作现代化的先导是法律监督理念现代化。"[1] 以此为指引，推进刑事检察工作现代化必须坚持检察工作理念的现代化。

对于检察工作理念现代化，有观点认为，检察机关应当深入学习贯彻习近平新时代中国特色社会主义思想，学深悟透习近平法治思想，牢牢把握贯穿其中的世界观和方法论，不断回答检察工作遇到的新情况新问题，与时俱进深化法律监督理念创新[2] 有观点强调，检察工作应当以理念为先导，促进防

---

〔1〕　巩宸宇：《最高检举行党组理论学习中心组（扩大）学习暨主题教育专题辅导报告会》，载最高人民检察院官网，https：//www.spp.gov.cn/spp/tt/202305/t20230516_614183.shtml。

〔2〕　参见屈辰：《走好检察工作现代化赶考路——专访最高人民检察院党组副书记、分管日常工作的副检察长童建明》，载《瞭望》2023 年第 11 期。

范相关案件多发高发，让老百姓减少、避免涉案涉讼，使其在"春风化雨"中感受到中国共产党好、中国特色社会主义好。[1] 有观点指出，检察工作新理念已经成为检察工作高质量发展的灵魂：在宏观层面，推进检察工作现代化必须自觉以检察机关法律监督维护党的绝对领导、保障党的全面领导；在中观层面，推进检察工作现代化要以现代化司法理念保障检察业务健康发展；在微观层面，推动检察工作现代化要以现代化司法理念指导检察办案高质高效。[2]

二、刑事检察工作理念现代化的特定含义

习近平法治思想是做好刑事检察工作的根本遵循，是刑事检察理论研究的根本指引。一方面，刑事检察理论研究始终坚持以人民为中心的研究导向，努力多出经得起实践、人民、历史检验的研究成果；另一方面，刑事检察理论研究应扎实推进实践基础上的中国特色刑事检察理论创新，努力答好中国之问、时代之问。[3] 有观点指出，推进刑事检察理念更好地引导检察实践，归根结底，要落实在具体的办案上。检察官要增强办案的敏锐性、大局观、能动性、人民性、情理法融合，以"天下无诉"为己任，努力让老百姓减少诉讼、避免诉讼。[4] 有观点指出，经过新时代十年的发展和完善，刑事检察法治化、现代化程度不断提高，人权保障理念逐步深入人心，程序

〔1〕 参见邱春艳：《最高检：以检察工作现代化服务中国式现代化》，载最高人民检察院官网，https://www.spp.gov.cn/tt/202301/t20230108_597985.shtml。

〔2〕 参见段文龙：《加快推进检察工作现代化　以更高质量检察履职服务中国式现代化建设》，载《检察日报》2022 年 12 月 28 日，第 3 版。

〔3〕 参见苗生明：《深化刑事检察理论研究　助推刑事司法实践创新发展》，载《检察日报》2023 年 1 月 10 日，第 3 版。

〔4〕 参见余响铃：《"五个增强"促进刑事检察理念现代化》，载《检察日报》2023 年 5 月 23 日，第 7 版。

法定、证据裁判等得到强化，传统的重打击轻保护、重实体轻程序等理念得以纠偏。[1]

刑事检察工作理念现代化要求检察机关首先应当坚持党对刑事检察工作的绝对领导，以习近平新时代中国特色社会主义思想为指导，深入学习贯彻习近平法治思想，更加自觉把各项刑事检察工作置于中国式现代化这个"国之大者"中思考、谋划、推动，把"两个确立""两个维护"落实到新时代新征程刑事检察工作全过程各环节，坚持政治效果、社会效果、法律效果相统一，引领刑事检察工作现代化，融入和助力政法工作现代化，为中国式现代化建设提供强有力司法保障。

第二节 坚持"党对检察工作绝对领导"理念

一、"党对检察工作绝对领导"理念的基本内涵

2023 年 2 月，习近平总书记在学习贯彻党的二十大精神研讨班开班式上指出："党的领导直接关系中国式现代化的根本方向、前途命运、最终成败。"[2] 中国共产党的领导是中国特色社会主义最本质的特征，检察工作现代化必须旗帜鲜明坚持党的领导。2023 年 7 月，大检察官研讨班强调："以习近平同志为核心的党中央对法治建设、检察工作高度重视，党的检察事业欣逢最好发展时期……要坚持从政治上着眼、从法治上着力，把讲政治与讲法治有机结合起来，把执行党的政策与执行国家法律统一起来，在法治轨道上维护稳定、促进发展、保障

〔1〕 参见陈国庆：《中国式刑事检察现代化的若干问题》，载《国家检察官学院学报》2023 年第 1 期。

〔2〕《习近平在学习贯彻党的二十大精神研讨班开班式上发表重要讲话强调 正确理解和大力推进中国式现代化》，载《人民日报》2023 年 2 月 8 日，第 1 版。

善治，以行动践行对党忠诚。"[1] 2023 年 8 月，最高人民检察院印发《2023—2027 年检察改革工作规划》，明确将党的领导作为未来检察改革工作的基本原则，并提出健全完善检察机关落实党的绝对领导机制的要求。[2]

坚定不移坚持党的绝对领导是检察事业科学发展的根本保证。我国多年来的检察工作建设实践证明，检察机关取得的一切成就，都是党中央正确领导的结果。始终坚持党对检察工作的绝对领导，坚持党的领导、人民当家作主、依法治国有机统一，坚定不移走中国特色社会主义法治道路，确保检察事业正确的政治方向，是做好检察工作最根本的政治保证。检察机关必须始终沿着以习近平同志为核心的党中央指引的方向坚定前行，要始终把讲政治摆在突出位置，保持高度的政治清醒和政治自觉，在任何时候、任何情况下，都要坚定不移坚持党的绝对领导，确保检察工作在全面依法治国的大道上一往无前。

刑事检察集指控犯罪与诉讼监督于一身，贯穿刑事诉讼全过程。作为检察事业最基本、最核心的业务之一，刑事检察工作应当将党的各项决策部署融入、落实到各方面全过程。最高人民检察院立足全局，明确了刑事检察工作方向，重新组建专业化刑事办案机构，统一履行审查逮捕、审查起诉、补充侦查、出庭支持公诉、刑事诉讼监督等职能。一方面，检察机关在党的绝对领导下充分发挥批捕、起诉等刑事检察职能作用，严厉打击影响人民群众安全感的各种严重刑事犯罪，为社会和谐稳定、人民安居乐业保驾护航。[3] 另一方面，检察机关在党

---

〔1〕 巩宸宇：《大检察官研讨班在国家检察官学院开班》，载最高人民检察院官网，ht-tps：//www. spp. gov. cn//tt/202307/t20230719_ 622012. shtml。

〔2〕 参见《2023—2027 年检察改革工作规划》，载最高人民检察院官网，https：//www. spp. gov. cn/xwfbh/wsfbt/202308/t20230807_ 624017. shtml#2。

〔3〕 参见徐日丹：《刑事检察：办案求极致，铺陈"人民至上"底色》，载《检察日报》2021 年 11 月 16 日，第 1 版。

的绝对领导下，应当在处理具体问题时始终保持清醒的政治头脑和全局观念，综合考虑天理、国法、人情，努力让人民群众在每一个司法案件中感受到公平正义。[1]

二、将党对检察工作的绝对领导贯穿检察业务各方面

党的二十大报告将"坚持和加强党的全面领导"作为中国式现代化的首要原则，要求"把党的领导落实到党和国家事业各领域各方面各环节"。即墨区人民检察院高举习近平新时代中国特色社会主义思想伟大旗帜，把深入学习宣传贯彻党的二十大精神作为当前和今后一个时期的首要政治任务，持续学思践悟习近平法治思想，坚定捍卫"两个确立"、坚决做到"两个维护"，严格落实意识形态工作责任制，把党的绝对领导落实到检察工作全过程各环节。

第一，坚定检察机关的政治属性。即墨区人民检察院深入学习宣传贯彻党的二十大精神，增强"四个意识"、坚定"四个自信"、做到"两个维护"。2022 年即墨区人民检察院开展领学、共学、研学活动 30 余场次，列出贯彻二十大精神"重点任务清单"27 项，进一步增强政治自觉、法治自觉、检察自觉。

第二，确保检察工作正确政治方向。一方面，即墨区人民检察院深入贯彻落实 2019 年《中国共产党政法工作条例》和 2021 年《中共中央关于加强新时代检察机关法律监督工作的意见》。2022 年，即墨区人民检察院向即墨区党委和青岛市人民检察院党组请示报告重大事项、重大案件 21 件次，确保检察工作正确政治方向。另一方面，即墨区人民检察院在开展刑事检察工作中"一切从政治上看"，建立并优化了一系列行之有

---

[1] 参见《从政治上着眼 从法治上着力》，载《检察日报》2023 年 5 月 8 日，第 1 版。

效的工作机制，先后完善出台了《党建与业务深度融合十条办法》《重大疑难案件"三会"机制》《司法案件运用"第一种形态"细则》等 12 项配套制度。

第三，落实从严治党压实作风链条。即墨区人民检察院牢记"两个永远在路上"，坚决落实全面从严治党战略部署，深入推进全面从严治党、全面从严治检。根据 2020 年 3 月中共中央办公厅印发的《党委（党组）落实全面从严治党主体责任规定》的要求，即墨区人民检察院 2020 年至 2023 年连续三年发布落实全面从严治党主体责任年度任务安排，不折不扣落实全面从严治党的新部署新要求。

第四，优化党建与业务基层架构融合机制。即墨区人民检察院将党建与业务基层构架融合设置，出台《党建与业务深度融合十条办法》。院党组、检委会、部门研究业务工作时，把"业务上出问题党建上找原因"作为"第一方法""第一要求"，提升办案首先"从政治上看"的思想自觉，有效地把讲政治的要求切实落实到执法办案当中、为民情怀融入每一个执法环节。

第五，实施党建与业务一体评价制度。在案件质量评价方面，即墨区人民检察院创新个性化评价指标，建立提拔晋升、评先选优"业绩先审"制度，将个人业绩档案与政治审查共同作为"前置程序"，并结合 2023 年最高人民检察院修订的《检察机关案件质量主要评价指标》不断完善案件质量评价制度，进一步将党建与业务相融合。

第三节 贯彻"高质效办案"理念

一、"高质效办案"理念的基本内涵

2023 年 3 月 17 日，全国检察机关学习贯彻全国两会精神电视电话会议强调："要加强法律监督，坚持高质效办好每一个案件，努力实现办案质量、效率与公平正义的有机统一。"[1] 2023 年 7 月，大检察官研讨班进一步指出："让'高质效办好每一个案件'成为新时代新征程检察履职办案的基本价值追求。"[2] "高质效办好每一个案件"契合新时代发展需求，是贯彻习近平法治思想、落实"为推进中国式现代化提供强有力司法保障"的基本要求。

关于"高质效办案"理念，有观点指出，高质效办案中"质"的含义包括正确和正义。检察机关应当准确理解和适用法律，通过正确办案实现正义。高质效办案中"效"的含义包括效果和效率。检察机关所办理的每一个案件都应努力实现政治效果、社会效果和法律效果的统一，并且提高办案效率，充分认识"迟来的正义非正义"[3] 有观点认为，首先，"高质效"是对办案质量的高要求。高质量是落实高质效的前提和基础。其次，"高质效"是对办案效率的高要求。检察机关办理的每一个案件，都事关公平正义。高效率办案事关当事人对司

〔1〕《最高检：以高质效法律监督促进执法司法公正维护公平正义》，载最高人民检察院官网，https：//www. spp. gov. cn/spp/tt/202303/t20230317_ 608770. shtml。

〔2〕巩宸宇：《大检察官研讨班在国家检察官学院开班》，载最高人民检察院官网，ht-tps：//www. spp. gov. cn//tt/202307/t20230719_ 622012. shtml。

〔3〕参见李勇：《"高质效办案"的内涵与实现路径》，载《检察日报》2023 年 5 月 31 日，第 3 版。

法公正的信心与对公平正义的信念。最后，"高质效"是对办案效果的高要求。检察机关办理案件要综合考虑天理、国法、人情，在切实增强人民群众获得感、幸福感、安全感中实现最佳的办案效果。[1] 有观点强调，检察机关坚持"高质效办好每一个案件"，实体上要通过履职办案实现公平正义，程序上要让公平正义更好更快实现，公平正义要以让人民群众可感受、能感受、感受到的方式实现。[2] 有观点指出，高质效履行刑事检察职能应当构建"三个体系"：第一个体系是以证据为核心的刑事指控体系；第二个体系是中国特色轻罪治理体系；第三个体系是刑事诉讼制约监督体系。[3]

"高质效办案"是习近平新时代中国特色社会主义思想在司法办案领域的生动体现，也是不断提升检察工作现代化水平的有效路径，要求检察机关以习近平法治思想为指引，坚持以人民为中心，做到检察办案质量、效率与公平正义的有机统一，确保在实体上公平公正，在程序上更好更优，在效果上让人民群众更有获得感和认同感，确保每一起案件都经得起法律和历史的检验。

二、运用"专班工作法"，提升刑事检察工作之"质"

即墨区人民检察院深化检察能动履职，在"高质效办案"对刑事检察工作质量高要求的背景下，进一步运用并完善"专班工作法"，奋力推进新时代刑事检察工作高质量发展。

第一，建立工作专班。即墨区人民检察院从全院抽调优秀

---

〔1〕　参见《高质效办好每一个案件》，载《检察日报》2023年4月3日，第1版。

〔2〕　参见刘英旭：《让"高质效办好每一个案件"成为"检察为民"的生动诠释》，载《检察日报》2023年6月19日，第3版。

〔3〕　参见史兆琨：《构建"三个体系"，高质效履行刑事检察职能》，载《检察日报》2023年7月2日，第2版。

年轻干警成立工作专班，并召开党组会审议通过各类标准化文件。根据青岛市人民检察院党组工作部署，即墨区人民检察院标准化专班与业务部门携手，着力推进刑事诉讼监督背书标准化，创新完善背书表格内容，针对不同罪名制定对应的《精准监督背书表》，详细列举出常见监督点，并配套相应流程图和表格，使不同类别案件的监督内容、监督重点和监督流程一目了然，实现了从"概括背书"到"精准背书"的转变，同时配套建立起"随机抽查""重点核查""背书考核"等机制，有力提升了诉讼监督工作质效。即墨区人民检察院首创的这一做法获得了青岛市人民检察院有关领导的批示肯定，并在青岛市推广。

第二，专班总协调总调度。一方面，即墨区人民检察院发挥标准化专班的协调、调度职能，由院领导干部专职负责，做好组织、培训、协调和指导工作，发布有关政策法规、案例指导、专业知识等信息，组织干警参加省市区专业培训、标准化研讨（座谈）会、工作例会。另一方面，即墨区人民检察院在专班设置"作战图""指挥图"，形成"集点、提线、扩面"的工作体系，全程进行全院的工作调度，每周办公会听取标准化工作推进情况，确定标准化为每月院务会的单独汇报内容，在全院形成了党组领导、人人参与、强力推进、顺畅落地的良好格局。

第三，严格考核督察。即墨区人民检察院修改业绩考评办法，把标准化建设纳入绩效考核，将标准化典型案例作为评先选优的重要参考，标准化工作专班每月公示每名员额检察官的标准化办案数量和标准化典型案例，激发了依标准化办理案件的内生动力。

三、运用"平台工作法",提升刑事检察工作之"效"

即墨区人民检察院打造履职平台,在"高质效办案"对刑事检察工作效率和效果高要求的指引下,进一步运用并完善"平台工作法",不断提升工作效能,实现刑事检察工作质量、效率和效果的有机统一。

第一,建立服务民营经济平台。围绕"企业有所需,检察有所为"目标,即墨区人民检察院提出分类定策、分层研商、分级处理、分块服务"四分式"案件办理和检察服务模式,制定"涉企案件风险等级评估"等制度,用心创建涵盖案前、案中、案后全过程的"闭环式"标准化管理模式,为检察机关标准化办理涉民营企业案件、高效追回国家税款损失与企业损失提供可借鉴的路径。"四分式"服务民营经济标准化制度模式获得山东省人民检察院有关领导的批示肯定,被评为"2020年度全省检察机关优秀工作成果"。在不断运行与完善过程中,"四分式"服务民营经济标准化工作模式还获得"2022年度青岛市优化营商环境优秀案例"等荣誉。

第二,建立知识产权检察保护平台。即墨区人民检察院在青岛市率先成立知识产权检察办公室,建立了重点知识产权企业保护名录、涉知识产权案件线索管理等15项核心制度,与公安、市场监管、文旅、科技等部门会签建立了案件双移、信息共享、多元调解、疑难案件联席会议等11项具体工作机制,被山东省人民检察院确定为"全省知识产权检察职能集中统一履行试点单位"。依托该制度平台,即墨区人民检察院依法办理了多人侵犯全球最大非晶带材生产企业公司商业秘密损失1900余万元案件。在该案中,即墨区人民检察院运用首创的商业秘密"证据保密箱"制度,依法准确认定损失,建议追诉涉案浙江公司负责人。并且,检察长列席审委会会议向公司宣告送达加强秘密保护的检察建议，确保了办案的政治效果、法律效果和社会效果。该案被评为"全省检察机关经济犯罪典型案例""全省检察机关服务大局典型案例"。

第三，建立未成年人保护平台。其一，即墨区人民检察院出台《未成年人附条件不起诉积分适用评议标准》《即墨区未检工作社会支持体系合作协议》等48项工作标准，落实"从严打击、综合保护"理念。在办理一起自行补充侦查的敲诈勒索未成年人案件时，即墨区人民检察院及时发现并追加3项漏罪，最终使被告人被判处有期徒刑12年。其二，即墨区人民检察院于2021年建立附条件不起诉适用评分标准制度、考察评分标准制度等5项独创性制度，并且在"高质效办案"理念的指引下不断完善与创新。在办案过程中，承办检察官按照条件标准进行打分，参考分数作出决定，有效解决了办案检察官不想用、不敢用附条件不起诉制度的问题。其三，即墨区人民检察院制定未成年人普法宣传工作标准化制度，建立"菜单式""订单式"普法模式，开展"法治进校园"等活动。即墨区人民检察院落实未成年人保护方面的法治教育经验被新华社内参转发，相关工作方式被最高人民检察院推广，[1] 并且法治宣讲团也被评为"2020年度山东省青年志愿服务先进集体"。

---

〔1〕 参见《山东青岛即墨区：三大"切口"实现基层检察服务标准化》，载最高人民检察院官网，https：//www.spp.gov.cn/spp/dfjcdt/202109/t20210922_530144.shtml。

第四节　深化"治罪与治理并重"理念

一、"治罪与治理并重"理念的基本内涵

2020 年习近平总书记在中央全面依法治国工作会议中强调："法治建设既要抓末端、治已病，更要抓前端、治未病""要推动更多法治力量向引导和疏导端用力"。[1] 这为检察机关依法能动履职、落实诉源治理、助力国家治理提出了更高要求。自中央全面深化改革委员会第十八次会议审议通过《关于加强诉源治理推动矛盾纠纷源头化解的意见》之后，以"法治建设既要抓末端、治已病，更要抓前端、治未病"为政策基础的刑事案件诉源治理，成为评价检察机关依法能动履职质效的重要指标。

关于"治罪与治理并重"理念，有观点指出，坚持"治罪与治理并重"，要求自觉从个案办理向类案监督延伸，促进社会问题标本兼治。[2] 有观点认为，推动社会问题源头治理是检察机关的政治责任、社会责任，也是法律职责。检察机关在办案中发现社会治理漏洞，通过自觉能动履职的"我管"促使职能部门依法充分履职的"都管"，共同推动问题解决，最终使人民群众受益。[3] 有观点表示，新时代犯罪态势发生重大变

---

〔1〕《习近平主持召开中央全面深化改革委员会第十八次会议强调　完整准确全面贯彻新发展理念　发挥改革在构建新发展格局中关键作用》，载《人民日报》2021 年 2 月 20 日，第 1 版。

〔2〕参见《最高检案管办负责人就 2023 年 1 至 3 月全国检察机关主要办案数据答记者问》，载最高人民检察院官网，https://www.spp.gov.cn/zdgz/202302/t20230213_601162.shtml。

〔3〕参见崔晓丽：《从治罪到治理，能动践行"人民至上"》，载《检察日报》2023 年 2 月 12 日，第 2 版。

化，刑事司法打击犯罪的应对模式也要从传统的惩罚犯罪观念向治理犯罪观念转变。面对新时代人民群众更高的司法需求，检察机关应该坚持"轻重有别，惩治与治理并举"的司法策略，对严重恶性犯罪依法严惩，对大多数轻刑化犯罪，要从犯罪治理的观念出发，用更加理性、平和的方式去解决刑事司法纠纷，最大限度地减少、转化社会对立面。[1] 有观点强调，检察机关既要治罪也要治理。治罪与治理，既关乎法治建设和国家治理大局，也关系到人民群众对公平正义的实际感受。[2] 有观点明确，随着我国刑事犯罪态势的变化，检察机关作为国家法律监督机关，其参与社会治理能力与国家治理能力之间的关系愈发密切，检察机关对于轻罪案件的办理质效直接影响着社会治理成效。[3]

检察机关在办理案件时，应注重将"只强调从严从重处罚"的传统模式转变为"治罪与治理并重"的新型模式。检察机关应既结合办案抓治罪，也深化监督促治理，树立恢复性司法理念，积极践行"能动司法"，推动刑事司法与行政执法有效衔接，协力共画社会和谐更大"同心圆"，助力社会治理。

二、提高政治站位服务国家治理大局

即墨区人民检察院在案件办理过程中，坚持"跳出检察看检察"，紧紧围绕党和国家重大决策部署确定履职方向，提高政治站位服务国家治理大局。

在"高产环评师"提供虚假证明文件一案即全国环评造假

---

〔1〕 参见陆青：《治罪与治理并重，画出社会和谐更大同心圆》，载《检察日报》2023年2月26日，第2版。

〔2〕 参见《更实促进治罪与治理并重》，载《检察日报》2022年4月7日，第1版。

〔3〕 参见简洁、马震：《从"治罪"到"治理"》，载《检察日报》2022年4月12日，第5版。

入刑第一案中，被告人林某某、汪某、靳某某伪造并倒卖环评报告资质页，出具虚假环境影响报告表（书）近千份，违法所得近 80 万元，造成直接经济损失 100 余万元。该案社会影响极其恶劣，不仅扰乱市场秩序，更是危害生态环境，影响人民群众幸福安康。即墨区人民检察院围绕生态环境保护大局，在内容虚假环评文件造成的直接经济损失达到立案追诉标准的情况下，全面研判案件事实证据以及案件造成的恶劣社会影响，将被告人出具近千份形式虚假（签字造假）环评文件作为提供虚假证明文件罪的犯罪事实认定，在此基础上，从保护社会主义市场经济秩序的立法本意中准确把握立案追诉标准，并通过撰写相关专题报告等形式推动类案的高质效办理。即墨区人民检察院"高站位、高标准、高质效"地办好该环评造假案件，彰显了检察机关落实加强生态环境保护要求、从严惩治破坏环评秩序的决心。与此同时，生态环境部以此案为鉴，在全国专项整治环评师挂证、环评机构虚设、环评资质买卖等环评乱象，筑牢生态保护"第一关"。

三、促进矛盾化解助推社会综合治理

即墨区人民检察院聚焦诉源治理，实现治罪与治理并重，在办案过程中，坚持既治已病，又治未病，积极开展矛盾化解、综合治理，减少不必要的诉讼，提升人民群众获得感，厚植党的执政根基。

第一，多元化开展类案预防，减少诉讼增量。即墨区人民检察院用心精准研析类案产生背后的原因，综合运用检察建议、公开听证、普法宣传等多元化方式促进源头治理。2020 年至 2022 年，即墨区人民检察院共制发检察建议 174 件，举行公开听证 240 余次。例如，在办理杨某某等三人非法狩猎案时，检察机关发现杨某三人均为偏远乡镇农民，犯罪嫌疑人涉

案原因主要是法律意识淡薄，因此，即墨区人民检察院在依法对犯罪嫌疑人作出不起诉决定的同时，组织办案人深入发案村庄面向群众开展以案释法，向街道政府发送检察建议并开展专项宣传，避免辖区内类似案件再次发生，做到"办理一案、治理一片"。

第二，建立保证金提存制度，减少诉前羁押。即墨区人民检察院联合其他机关会签《关于建立财产刑保证金提存、刑事赔偿保证金提存制度的工作意见》，由公证处设立保证金提存账户，可将赔偿及罚金保证金存入公证处账户，促进缓和社会矛盾，减少羁押。例如，即墨区人民检察院办理的刘某盗窃 7 万元电缆案，经审查，犯罪嫌疑人自愿认罪认罚，有固定工作，在审查逮捕期间缴纳赔偿保证金，即墨区人民检察院于是依法不批准逮捕，后刘某赔偿被害人全部损失，依法被判处缓刑。

第三，引入人民调解，促进矛盾纠纷化解。即墨区人民检察院践行治罪与治理并重、惩治与修复并重理念。2023 年 5 月，即墨区人民检察院会同其他机关制定《轻微刑事案件调解工作实施办法》，成立人民调解组织，将人民调解引入轻微刑事案件办理过程，推行轻微刑事案件"检察官 + 人民调解员"工作机制，尽早推动退赃退赔，促成案件和解。例如，在办理林某故意伤害案时，检察官了解到林某无犯罪前科，并且该案属于偶发纠纷，林某与被害人均有调解意愿。由此，即墨区人民检察院立即启动"检察官 + 人民调解员"调解机制。检察官与人民调解员从法理、情理等不同侧面开展调解工作。经过调解，双方握手言和。被害人向林某出具了谅解书，林某也向被害人支付了赔偿金。最终，鉴于林某自愿认罪认罚，真诚悔罪，积极赔偿被害人损失并取得谅解，即墨区人民检察院对林某作出相对不起诉决定。

第五节　强化"数字赋能监督"理念

一、"数字赋能监督"理念的基本内涵

党中央高度重视数字化、大数据在司法工作中的作用。党的十八大以来,以习近平同志为核心的党中央着眼全局、顺应大势、把握未来,作出建设数字中国的战略决策。检察机关深入落实习近平总书记关于数字中国的建设要求,推动大数据赋能法律监督。2017 年 6 月,最高人民检察院正式印发《检察大数据行动指南(2017—2020 年)》,明确提出智慧检务建设战略。[1] 2018 年 1 月,最高人民检察院在充分调研论证基础上,正式印发《关于深化智慧检务建设的意见》[2] 2018 年 4 月,最高人民检察院启动统一业务应用系统 2.0 版的建设。[3] 2019 年 12 月 10 日,全国检察机关统一业务应用系统 2.0 试点部署座谈会召开。2020 年 1 月 1 日起,全国检察机关统一业务应用系统 2.0 试点应用逐步开展,智慧检务发展进入快车道。[4]

2021 年,中共中央印发《法治中国建设规划(2020—2025 年)》并提出"充分运用大数据、云计算、人工智能等现代科技手段,全面建设'智慧法治',推进法治中国建设的数

---

[1] 参见姚炎中:《最高检印发〈检察大数据行动指南(2017—2020 年)〉》,载《人民法治》2017 年第 7 期。

[2] 参见《最高检印发意见深化智慧检务建设》,载最高人民检察院官网,https://www.spp.gov.cn/xwfbh/wsfbh/201801/t20180103_ 208087. shtml。

[3] 参见刘品新、陈焰:《智慧检务创新发展"四字诀"》,载《检察日报》2020 年 8 月 1 日,第 3 版。

[4] 参见刘品新、陈焰:《智慧检务创新发展"四字诀"》,载《检察日报》2020 年 8 月 1 日,第 3 版。

据化、网络化、智能化"[1]。随后，2021 年 6 月，中共中央印发了《关于加强新时代检察机关法律监督工作的意见》，明确要求"运用大数据、区块链等技术推进公安机关、检察机关、审判机关、司法行政机关等跨部门大数据协同办案""加强检察机关信息化、智能化建设"[2]。对此，2021 年 11 月，最高人民检察院提出"科学化、智能化、人性化"建设理念，以新时代法律监督助力全面依法治国。[3] 2022 年 6 月，以视频形式贯通四级检察院的全国检察机关数字检察工作会议召开，对加快数字检察建设，以"数字革命"驱动新时代法律监督提质增效，更好以检察工作高质量发展服务经济社会高质量发展作出部署。[4]

2022 年 10 月，党的二十大报告对加快建设网络强国、数字中国提出新要求。2022 年 11 月，最高人民检察院数字检察办公室成立，专职负责数据获取和使用、监督模型的培育和推广、类案线索管理和反馈等工作。[5] 2023 年 1 月，全国检察长会议召开，重申数字检察工作的重要性。[6] 2023 年 2 月，中共中央、国务院正式印发《数字中国建设整体布局规划》。[7] 2023 年 3 月，全国检察机关学习贯彻两会精神电视电话会议提

---

〔1〕 参见《中共中央印发〈法治中国建设规划（2020—2025 年）〉》，载最高人民检察院官网，https://www.spp.gov.cn/zdgz/202101/t20210110_505935.shtml.

〔2〕 参见《中共中央印发〈关于加强新时代检察机关法律监督工作的意见〉》，载《人民检察》2021 年第 15 期。

〔3〕 参见《科技创新赋能检察办案提升监督质效》，载最高人民检察院官网，https://www.spp.gov.cn/spp/c107228chdfgmcggeqcnpgbshkfhvbehkvkggb/202111/t20211103_534393.shtml.

〔4〕 参见戴佳、赵晓明：《草木蔓发 春山可望——检察机关推进数字检察战略提升法律监督质效纪实》，载《检察日报》2023 年 2 月 13 日，第 1 版。

〔5〕 参见戴佳、赵晓明：《草木蔓发 春山可望——检察机关推进数字检察战略提升法律监督质效纪实》，载《检察日报》2023 年 2 月 13 日，第 1 版。

〔6〕 参见孙风娟、单鸽、崔晓丽：《一次"检察工作现代化"的总动员——全国检察长会议侧记》，载《检察日报》2023 年 1 月 10 日，第 1 版。

〔7〕 参见《中共中央 国务院印发〈数字中国建设整体布局规划〉》，载《人民日报》2023 年 2 月 28 日，第 1 版。

出深化实施数字检察战略，赋能新时代法律监督，构建"业务主导、数据整合、技术支撑、重在应用"的数字检察工作机制。[1] 数字检察是数字中国的有机组成部分，是新时代检察机关法律监督工作的重要手段和提升法律监督质效的重要依托。最高人民检察院顺应"数字中国"潮流实施数字检察战略，以大数据应用赋能法律监督提质增效，是以检察工作现代化服务保障中国式现代化的时代之答。2023 年 7 月，大检察官研讨班提出："数字检察战略是法律监督手段的革命。要在确保安全的前提下，做实数据的汇聚、整合、管理、应用，赋能法律监督。"[2] 2023 年 8 月，最高人民检察院印发《2023—2027 年检察改革工作规划》，进一步明确："健全数字检察制度体系，提升新时代法律监督质效。"[3] 关于"数字赋能监督"理念，有观点指出，数据赋能监督的深刻内涵在于围绕经济社会高质量发展、法律监督的深层次需求，把虽活跃但总体还沉睡着的各类海量数据唤醒，让它们按内在规律链动起来，进而实现关联分析、深度挖掘，为强化法律监督、深化能动履职、做实诉源治理提供系统性依据，推动检察机关由传统的"被动受案、个案办理"监督办案模式向"主动办案、类案办理"转变，继而通过类案监督向参与社会治理监督办案模式延伸。[4] 有观点认为，数字赋能监督，使新时代检察工作前所未有实现了"由案到治"的新跨越，是对传统法律监督的手段颠覆、模式变革

---

〔1〕　参见张雪樵：《以"数字革命"驱动新时代法律监督提质增效》，载《检察日报》2023 年 3 月 22 日，第 9 版。

〔2〕　巩宸宇：《大检察官研讨班在国家检察官学院开班》，载最高人民检察院官网，https：//www. spp. gov. cn/spp/tt/202307/t20230719_ 622012. shtml。

〔3〕　《2023—2027 年检察改革工作规划》，载最高人民检察院官网，https：//www. spp. gov. cn/xwfbh/wsfbt/202308/t20230807_ 624017. shtml#2。

〔4〕　参见张雪樵：《以"数字革命"驱动新时代法律监督提质增效》，载《检察日报》2023 年 3 月 22 日，第 9 版。

和功能价值的再定义。[1] 有观点指出，随着大数据等新技术在检察领域的逐渐运用，检察机关法律监督在空间和深度上均得到质的提升；新时代检察机关理应借势、借力数字技术的发展，有效促进检察机关法律监督体系和监督能力的现代化。[2] 有观点表示，"数据赋能监督"必须实现"四个转变"：从被动监督到主动监督，从个案监督到类案监督，从单兵作战到系统融合，从监督办案到社会治理。[3]

"数字赋能监督"是检察机关运用数字赋能深入法律监督，通过数据共享、线索归集、类案办理，能动推进社会治理体系治理能力现代化的变革，是以数据驱动检察工作高质量发展，以"我管"促"都管"的具体体现，是检察机关胸怀"国之大者"的具体实践，更是检察工作现代化的应有之义。[4]

二、数字赋能监督助力基层刑事检察工作高质效发展

第一，树立数字监督思维。其一，即墨区人民检察院紧扣数字检察的核心要义，认真反复学习最高人民检察院有关数字检察的新部署新要求，坚持"凡会必讲"，组织全院检察干警集中学习，使全院检察干警详细了解刑事检察监督模型"从哪里来，到哪里去"，树立从浅表性、碎片化监督到深层性、系统性监督理念，根本提升刑事案件办理质效。其二，即墨区人民检察院把数字检察理念要求纳入每周五学习日，通过"理论＋业务"全面学、"线上＋线下"多维学、"内修＋外练"立体

---

〔1〕 参见胡东林：《以数字检察赋能法律监督推进检察工作现代化》，载《检察日报》2023年7月1日，第3版。

〔2〕 参见胡铭：《论数字时代的积极主义法律监督观》，载《中国法学》2023年第1期。

〔3〕 参见姜昕、刘品新、翁跃强、李小东、常锋：《检察大数据赋能法律监督三人谈》，载《人民检察》2022年第5期。

〔4〕 参见张雪樵：《以"数字革命"驱动新时代法律监督提质增效》，载《检察日报》2023年3月22日，第9版。

学的方式，强化全院检察干警的数字意识和思维，实现从"要我变革"到"我要变革"，从"适应变革"要"引领变革"的跃升。其三，即墨区人民检察院树立主动学习先进工作经验的思维，专门成立"数字检察工作专班"赴浙江交流，在近距离接触"数字赋能监督，监督促进治理"的法律监督模式的基础上，理清工作思路，研究确定出"总结提炼一批成功案例、优化升级一批成熟模型、自主创建一批监督新模"的压茬推进路径。

第二，出台数字检察政策。为适应数字检察对基层检察工作提出的新要求、新标准，即墨区人民检察制定"工赋即检"数字检察工作品牌建设方案，制定《即墨区人民检察院数字检察建设三年规划》，坚持以学为先、以干为实，主动适应数字检察发展趋势，把握刑事检察监督关键点，由传统的"数量驱动、材料审查"个案办理式监督向"质效导向、数据赋能"的类案治理式监督转变；积极拓展刑事检察监督线索收集面，筛查可精准监督的线索，能动履职，努力挖掘法律监督发展潜力，在日常监督和具体个案办理中发现规律性问题，通过归纳、总结、提升的办法，主动融入国家治理，为中国式现代化贡献检察智慧和力量。

第三，完善数字监督模型研发。即墨区人民检察院结合本院数字检察工作实际，紧扣数字检察的核心要义，坚持"业务主导"，聚焦办案"小切口"，坚持"总结提炼一批成功案例、优化升级一批成熟模型、自主创建一批监督新模"的推进路径，对已有模型进行优化打磨，对新的领域进行深化探索，进一步促进成果转化，打响"工赋即检"数字检察工作品牌，成功打造"骗取高新企业补贴类案监督模型""刑法第二百八十条罚金刑抗诉类案监督模型""刑事犯罪强制隔离戒毒人员类案监督模型""涉企行政非诉执行案件追加被执行人的法律监督模型""建设工程领域施工安全类案监督模型""涉刑人员领取社会保险待遇类案监督模型""机动车保险领域虚假诉讼类案监督模型""'四位一体'司法救助数字检察工作模型"等 8 个法律监督模型。其中，"刑法第二百八十条罚金刑抗诉类案监督模型"和"涉企行政非诉执行案件追加被执行人的法律监督模型"被青岛市人民检察院推荐参选山东省优秀法律监督模型竞赛并在全市推广应用。2023 年，即墨区人民检察院确定了"刑拘下行及企业虚假残疾人用工数字模型""无社会危险性不捕案件监督撤案模型""网络司法拍卖之评估费支付不合理类案监督模型""看守所在押人员分管分押监督模型""'人案合一'数字检察模型"5 个新的建模方向，力争形成"工赋即检"模型建设规模效应。

具体而言，在刑事检察领域，其一，依托"骗取高新企业补贴类案监督模型"，即墨区人民检察院向相关主管机关了解高新企业补贴政策并调取 2017 年至 2022 年即墨区所有成功申报高新技术企业补贴且已发放的企业名单等相关数据，后与会计师事务所合作对审计报告的真伪性进行核实，进而确定骗领高新企业补贴的企业名单。通过对审计报告的真伪性进行核实，即墨区人民检察院发现另有 8 家企业存在审计报告造假情况，涉及金额均达到 30 万元以上。2022 年 5 月，即墨区人民检察院将上述线索移交侦查机关。

其二，依托"刑法第二百八十条罚金刑抗诉类案监督模型"，即墨区人民检察院在统一业务应用系统中筛选出 2015 年 11 月 1 日至 2022 年 12 月人民法院判决的与《刑法》第 280 条有关的案件信息，锁定被告人被判处罚金的案件，对该部分案件进行分析研判，最终确定犯罪行为发生在 2015 年 11 月 1 日之前的案件符合法定抗诉条件，将案件线索向青岛市人民检察院汇报。青岛市人民检察院根据该线索进行数据建模，成功筛选出 5 起审判监督线索，实现刑事抗诉类案监督。

其三，依托"刑事犯罪强制隔离戒毒人员类案监督模型"，即墨区人民检察院对刑事裁判文书进行关键词检索，排查出强制隔离戒毒人员在被决定强制隔离戒毒前后或强制隔离戒毒期间被判处刑罚的案件，再通过数据分析锁定刑罚执行期满尚需继续执行强制隔离戒毒的类案共有 4 件，并依法监督主管机关将 4 名戒毒人员送回强制戒毒所继续执行强制隔离戒毒，堵塞执法漏洞。

第六节　树立"基层检察服务标准化"理念

一、"基层检察服务标准化"理念的基本内涵

标准是经济活动和社会发展的技术支撑，是国家基础性制度的重要方面，而标准化在推进国家治理体系和治理能力现代化中发挥着基础性、引领性作用。[1] 2021 年中共中央、国务院印发的《国家标准化发展纲要》指出："新时代推动高质量发展、全面建设社会主义现代化国家，迫切需要进一步加强标准化工作。"

检察工作标准化是指对某项检察工作按照规定程序出台能够重复使用的指导意见、办法、制度等规范性文件。[2] 基层检察服务标准化的要义就是精准服务大局、厚植执政根基，保民

---

〔1〕　参见《中共中央　国务院印发〈国家标准化发展纲要〉》，载《人民日报》2021 年 10 月 11 日，第 1 版。

〔2〕　参见宋赟：《检察工作标准化、智能化、精细化、专业化、规范化的思考》，载《领导科学》2020 年第 23 期。

生、促发展。[1] 将标准化理念引入基层检察院建设，是检察机关坚决贯彻落实党中央决策部署，提高服务保障经济社会高质量发展的能力水平的应有之义，也是提升基层检察机关工作质效，推进基层检察机关规范化、现代化建设的必然要求。

二、立足实际，实现基层检察服务与标准化的最佳结合

第一，精心组织领导，成立专班全程督导推进。即墨区人民检察院于 2020 年 2 月召开基层检察服务标准化项目建设动员大会，部署基层检察服务标准化项目建设的具体工作和要求；于 2020 年 3 月成立推进基层检察服务标准化项目建设领导小组和办公室，在基层检察服务工作办公室下设服务民营经济标准化工作小组、公益诉讼标准化工作小组、未成年人检察保护标准化工作小组，确保基层检察服务标准化工作扎实推进。

第二，制定工作方案和计划，确保项目建设有序进行。2020 年 1 月被确定为"基层检察服务"标准化建设试点单位后，即墨区人民检察院根据 2013 年中国国家标准化管理委员会等部门印发的《社会管理和公共服务综合标准化试点细则（试行）》，于 2020 年 3 月出台《青岛市即墨区人民检察院基层检察服务标准化试点项目建设实施方案》，提出从三个阶段推进基层检察服务标准化试点项目建设工作。2020 年 3 月 26 日，即墨区人民检察院发布基层检察服务标准化的工作原则和建设目标，明确"遵循检察工作和标准化工作基本规律""实现基层检察服务与标准化工作最佳结合""为人民群众提供更加优质的标准化检察服务""立足实际、精耕细作、重点突破"等

---

〔1〕 参见郭树合、李卫东、吕秀丽：《青岛即墨：服务标准化的三大"切口"》，载《检察日报》2021 年 9 月 22 日，第 10 版。

4 项工作原则。针对基层检察服务标准化项目的重点工作，即墨区人民检察院出台《服务民营经济发展标准化试点项目建设实施方案》《关于精准推进未成年人检察保护标准化工作的实施意见》《关于开展公益诉讼标准化工作的实施方案》，积极推进服务民营经济、未成年人检察和公益诉讼检察工作融入国家治理体系现代化建设。

第三，确立三项重点工作，搭建项目主体框架机构。为了在党和国家工作大局中依法全面履职、更好履职，以检察工作现代化服务中国式现代化，经过广泛调研论证，即墨区人民检察院选取"服务民营经济检察标准化（服务'六稳''六保'、服务构建新发展格局）、公益诉讼检察标准化（服务生态环保、服务民生保障）、未成年人检察保护标准化（服务托举祖国未来、服务千家万户幸福）"三个方面作为试点项目重点。

第四，精心创制核心标准文本，规范具体检察工作实践。其一，在服务民营经济方面，即墨区人民检察院用心创制《涉民营企业案件办理风险等级评估》等 28 项核心制度，标准化办理涉民营企业案件 108 件。例如，即墨区人民检察院在办理宋某等采取有组织的滋扰、纠缠、哄闹等手段扰乱某企业经营秩序一案时，主动启动案后跟踪评估程序，向主管部门发送检察建议，促成市场秩序专项整顿。该案被评为"全省优秀服务经济社会发展暨参与社会治理案件"。其二，在公益诉讼检察方面，即墨区人民检察院精心构筑"一轴＋两翼＋N""模块化"标准化工作流程，用心研制《公益诉讼案件模块化办理意见》等 17 项核心制度，再造了全程可控、流程更简、效果更优的标准化规程。其三，在未成年人检察方面，即墨区人民检察院搭建"1＋2＋3＋N"工作平台，"链条式"环环相扣地精准推进工作落地；建成标准化的法治教育基地，出台了《未成年人附条件不起诉积分适用评议标准》等 36 项工作标准。《未成年人附条件不起诉评分标准》的制定实施促使附条件不起诉适用率由 7% 提升至 46%。2021 年 2 月 4 日，即墨区人民检察院被确定为"青岛市未成年人检察工作社会支持体系试点单位"。

第三章 刑事检察工作体系现代化的基层探索

第一节 刑事检察工作体系现代化的基本阐释

党的二十大报告指出："高质量发展是全面建设社会主义现代化国家的首要任务。"检察机关服务保障高质量发展，必须顺应大势、改进方式，主动作为、能动司法，以融入式、协作式、开放式检察履职，为中国式现代化建设提供更强助力、更优服务。[1] 2023 年 1 月，全国检察长会议强调，要牢牢把握中国式现代化、政法工作现代化的本质要求和重大原则，正确认识检察工作现代化的深刻内涵——检察工作现代化的重点在于法律监督体系现代化。[2] 有观点指出，体系现代化是检察工作现代化的重点，要加强法律监督工作，持续深化检察改革，进一步优化完善检察组织机构体系、职能体系，深化配套机制改革，不断提升法律监督工作的科学性、系统性、有效

---

〔1〕 参见段文龙：《加快推进检察工作现代化 以更高质量检察履职服务中国式现代化建设》，载最高人民检察院官网，https://www.spp.gov.cn/spp/llyj/202212/t20221228_597048.shtml。

〔2〕 参见邱春艳：《最高检：以检察工作现代化服务中国式现代化》，载最高人民检察院官网，https://www.spp.gov.cn/spp/tt/202301/t20230108_597985.shtml。

性。[1] 其中，作为检察工作的重要组成部分，"四大检察"包括刑事检察、民事检察、行政检察和公益诉讼检察四项内容，而刑事检察乃是"四大检察"中最基本、最核心的传统优势项目。[2] 刑事检察工作体系现代化，是走好检察工作现代化赶考路，进而更好地服务中国式现代化的重要抓手。[3]

为深入落实刑事检察工作体系现代化要求，实现刑事检察工作体系一体化运转，即墨区人民检察院强化系统观念，从资源整合、体系完善等多方面入手，构建上下左右"一盘棋"的工作体系，主要包含"检察一体化"履职体系、"一站式"刑事案件诉讼体系、"四检合一"工作体系以及刑事检察工作标准化体系四个主要维度。以上四个维度的工作体系与其他相关工作体系相互配合、相辅相成，共同组成一个完整系统。

第一，推进"检察一体化"履职体系建设。检察机关的内设机构经过系统性、整体性、重构性改革，在新时代所形成的"四大检察"法律监督新格局下，"检察一体化"履职体系被赋予包含上下一体、横向协作、内部协同三重维度的新的时代内涵。[4]"检察一体化"履职体系体现为上级检察机关与下级检察机关之间、检察机关与检察机关之间、检察机关内部之间均为一体。检察机关充分发挥一体化优势，有利于案件的纵深办理，进一步提升案件办理的质量和效果。

第二，打造"一站式"刑事案件诉讼体系。"一站式"办案模式要求公安机关、检察机关、人民法院、司法局互相配

〔1〕 参见屈辰:《检察工作高质量发展意味着什么? 最高检"点题"回答时代之问》，载《瞭望》2023 年第 11 期。

〔2〕 参见于仲君:《深化监督配合机制 推进刑事检察运行体系现代化》，载《检察日报》2023 年 3 月 17 日，第 5 版。

〔3〕 参见屈辰:《走好检察工作现代化赶考路——专访最高人民检察院党组副书记、分管日常工作的副检察长童建明》，载《瞭望》2023 年第 11 期。

〔4〕 参见韩东成:《检察一体化内涵要义》，载《检察日报》2022 年 7 月 26 日，第 3 版。

合，集中协同办理刑事案件。"一站式"办案模式缩短了办案周期，有利于实现司法资源的合理配置。

第三，完善"四检合一"工作体系。"四大检察"融合发展具体表现为探索"四检合一"的办案模式。"四检合一"是由公益诉讼检察部门统一承担涉及生态环境和资源保护、食品药品安全领域案件的民事、行政、公益诉讼和刑事检察职能的办案模式新突破。完善"四检合一"公益诉讼办案模式，有利于促进检察职能融合，维护国家利益和社会公共利益。

第四，探索创新检察工作标准化体系。标准化是检察工作现代化的重要途径和载体。即墨区人民检察院将标准化的理念和方法应用到涉民营经济、公益诉讼、未成年人检察保护等基层检察服务领域，可以有效解决"缺乏标准依据、执行不一不细"等制约检察工作高质量发展的体系障碍，推动检察工作高质量发展。

第二节　推进"检察一体化"履职体系建设

一、"检察一体化"的基本内涵

2018 年底，最高人民检察院对检察机关内部职能机构进行重组。2019 年 1 月，最高人民检察院改革内设机构全面履行法律监督职能发布会召开，会议将检察工作的职能系统地划分为民事检察、刑事检察、行政检察和公益诉讼检察。[1] 2021 年 6 月，中共中央印发《关于加强新时代检察机关法律监督工作的意见》，提出检察机关应当"以高度的政治自觉依法履行刑事、民事、行政和公益诉讼等检察职能，实现各项检察工作全面协

---

〔1〕　参见祁彪：《做到"四大检察"，向何方？》，载《民主与法制周刊》2020 年第 6 期。

调充分发展"。这一要求为"四大检察"的全面融合发展进一步指明了方向。党的二十大报告指出："加强检察机关法律监督工作。"这对新时代"检察一体化"履职体系的构建提出了更高要求。

关于检察一体化，有观点认为，"检察一体化"的基本含义是各级检察机关基于上下级领导关系，构成有机统一命运共同体。[1] 有观点指出，新时代检察一体化，是坚持以习近平新时代中国特色社会主义思想为指导，全面贯彻落实习近平法治思想，以更好地履行检察职能、保障公民权利、促进法律统一正确实施为目标，通过规范检察机关内部领导监督配合机制，打造"上下统一、横向协作、内部整合、总体统筹"的一体化检察模式，释放履行法律监督职能内生动力，更好地发挥检察机关树立司法威信、维护社会稳定、服务保障大局的重要作用。[2] 有观点提出，"检察一体化"通常是指检察机关工作机制上的贯通、协调及整体性关系。[3] 在新形势下，为了保证"四大检察"全面协调充分发展，在检察理论研究的推动下，检察机关完善了检察一体化保障机制。根据检察实践发展的需要，经过深入研究论证，检察一体化保障机制从检察机关建立内部案件线索交流平台、异地异级调用检察官、检察一体与有效规制上级指令权、案件管理一体化等方面得到了完善，有效保证了检察职权的公正高效行使。[4] 山东省检察机关积极推进

〔1〕 参见陈光中：《中国司法制度的基础理论问题研究》，经济科学出版社 2010 年版，第 235 页。

〔2〕 参见李成林、张建伟、侯亚辉等：《检察一体化机制建设的推进与落实》，载《人民检察》2022 年第 3 期。

〔3〕 参见龙宗智：《论"检察一体"与检察官统一调用制度之完善》，载《中外法学》2022 年第 2 期。

〔4〕 参见邓思清：《新时代检察理论研究创新成就与未来发展》，载《检察日报》2022 年 10 月 14 日，第 3 版。

"检察一体化"建设，坚持三级检察院纵向一体，"四大检察"横向融合发展。即墨区人民检察院依托上下一体、横向协作的办案机制，坚持"小切口、大文章"的工作思路，落实"检察一体化"的工作理念，在强化个案监督的基础上，加强类案监督，抓溯源治根本，积极参与社会治理，并取得了良好成效。

二、构建知识产权刑事、民事、行政、公益诉讼一体化保护格局

为强化知识产权全链条保护，有力服务全区创新驱动高质量发展，即墨区人民检察院以知识产权检察职能集中统一履行试点为契机，以"法护知产·检润创新"品牌为引领，以司法办案为核心，不断更新思维理念，延伸司法保护触角，探索构建了知识产权刑事、民事、行政、公益诉讼一体化保护格局。

即墨区人民检察院在青岛市率先成立知识产权检察办公室，组建6人高质量办案团队。知识产权检察办公室系统整合刑事、民事、行政检察职能，实现集中办理、专门审查，围绕专业化办案、专业化服务、专业化预防的目标，与山东省人民检察院、青岛市人民检察院形成联动、同步推进，推动建立公、检、法、行政机关知识产权体系化保护模式。知识产权检察办公室先后联合知识产权法庭、经侦大队举办知识产权刑事案件办案座谈会多场次，充分沟通办案难点、堵点，就商业秘密认定、损失价值评估以及新型制假售假案件证据标准把握等方面达成一致，推动刑事案件高质效办理。此外，即墨区人民检察院牵头联合人民法院、公安局、市场监管局等五部门会签《关于加强青岛市即墨区知识产权综合保护工作实施方案》，建立案件双移、信息共享、多元调解、疑难案件联席会议等工作机制，破解了行政执法部门与公安机关证据衔接脱节难题。

三、推进未成年人刑事案件检察一体融合履职工作

未成年人检察一体融合履职是履职理念、方式、体系的优化和发展，是未成年人检察工作高质量发展的实践路径。从纵向看，未成年人刑事案件检察一体融合履职是坚持上级检察院对下级检察院未成年人检察工作的领导和业务指导。从横向看，未成年人刑事案件检察一体融合履职是未成年人检察部门集中统一履行刑事、民事、行政、公益诉讼检察职能。不同业务部门之间协作配合，形成未成年人司法保护的统一整体，从而对未成年人的诉讼权益、民事权益、行政权益实现全面保护。[1]

2022 年 11 月，即墨区人民检察院在办理一起销售假冒注册商标的童装刑事案件时，发现该案犯罪嫌疑人严重侵犯了未成年人民事权益及公共利益。即墨区人民检察院坚持发挥刑事检察和公益诉讼检察职能合力，依法开展公益诉讼检察调查工作，提起青岛市首例涉未成年人刑事附带民事公益诉讼案件。该案系青岛市知识产权领域首例宣判的公益诉讼案件，维护了未成年人的合法权益。结合即墨区系全国三大童装产业基地之一的实情，针对办案中发现的童装经营问题，即墨区人民检察院通过认真履职，着力强化提高即墨区童装行业从业人员的法律意识，倡导规范童装行业合规经营，组织召开座谈会，多方代表共谈未成年人权益保护。

为全面贯彻落实青岛市即墨区人大常委会《关于加强未成年人检察工作决议》，推进未成年人检察一体融合履职工作，提升未成年人综合司法保护质效，围绕加大未成年人保护和规

---

[1] 参见那艳芳：《深化综合履职 不断推动未成年人检察工作高质量发展》，载《检察日报》2023 年 5 月 29 日，第 3 版。

范即墨区童装行业良性发展，2023 年 3 月，即墨区人民检察院组织召开知识产权领域涉未成年人公益诉讼暨童装行业合规座谈会。

四、促进刑事案件一案推及类案的"纵深办"模式

刑事案件一案推及类案的"纵深办"模式是即墨区人民检察院在贯彻落实最高人民检察院"八号检察建议"的要求下形成的高质效办案模式之一。"纵深办"模式以"检察办案＋类案分析＋信息共享"的形式，充分发挥检察一体化优势，强化类案分析，畅通信息共享，从检察建议到类案分析，从个性问题指出到共性问题反馈，从而有效推进涉案领域的溯源治理，在办案中发现和促进解决深层次的社会治理问题。

2022 年 2 月，青岛市人民检察院第二检察部在办理杨某、官某、王某涉嫌重大责任事故一案中，发现该案可能涉及公益诉讼，遂将线索移送至第八检察部，第八检察部将该案线索移交至即墨区人民检察院第四检察部审查办理。接到青岛市人民检察院移交线索后，即墨区人民检察院立即启动公益诉讼办案程序，制定相关法律文书，报经青岛市人民检察院审核把关后，向负有法定监管职责的即墨区住房和城乡建设局发出行政公益诉讼诉前检察建议。同时，即墨区人民检察院组织召开民事、行政、公益诉讼条线检察官联席会议，部署梳理近几年办理的民事检察监督案件 60 余件、中国裁判文书网公开的建设工程施工合同纠纷类民事判决 500 余件，到即墨区人民法院调阅卷宗 20 件，共发现线索 30 条。

五、规范刑事案件线索发现和移送程序

第一，检察机关办理刑民交叉案件时，应坚持系统思维，依法能动履职，促进民事诉讼监督和打击刑事犯罪的同频共

振。刑事、民事检察部门注重横向配合，双向移送线索，并在审查过程中信息共享、共同研判，引导公安机关补充侦查，形成刑事侦查与民事调查核实互为补充、共同推进的协作模式，推动刑事惩治与民事监督的履职合力，最大限度发挥法律监督职能作用。即墨区人民检察院在办理王某某等14人保险诈骗案件的过程中发现，在2017年至2019年间，王某某利用其经营的汽车修理厂，伙同纪某某、吴某某等人，"自导自演"制造虚假交通事故向保险公司索赔，纪某某等人机动车交通事故责任纠纷案件通过民事诉讼方式取得赔偿，存在虚假诉讼的可能，遂将案件线索移送民事检察部门办理。本案中，检察机关刑事检察部门在办理涉嫌保险诈骗罪案件中，及时向民事检察部门移送虚假诉讼案件线索，民事检察部门充分行使调查核实权，采取向刑事检察部门提供补充侦查提纲等调查措施，最终查明当事人构成虚假诉讼的事实。

第二，检察机关对于检察履职中发现的属于其他区域检察机关管辖的案件线索，要强化一体化办案思维，规范线索移送程序，推动检察工作融合发展。即墨区人民检察院在办理纪某某虚假诉讼案的过程中，发现一起关联案件，遂向青岛市人民检察院请示汇报。青岛市人民检察院根据《山东省人民检察院法律监督案件线索移送处置暂行办法》相关规定，将该线索移送有管辖权的检察机关办理。最终该案认定构成虚假诉讼，同级人民法院已再审改判。

第三节　打造"一站式"刑事案件诉讼体系

一、"一站式"刑事案件诉讼体系的基本内涵

党的二十大报告强调："规范司法权力运行，健全公安机

关、检察机关、审判机关、司法行政机关各司其职、相互配合、相互制约的体制机制。"刑事检察作为"四大检察"中最基本、最核心的传统优势项目，理应应时而谋，顺势而为。[1]

2017年11月，最高人民检察院在十二届全国人大常委会第三十次会议上作的《关于人民检察院全面深化司法改革情况的报告》指出："推进12309检察服务平台建设，打造集信访举报、检察宣传、监督评议等于一体的检察为民综合服务平台，提供'一站式'服务。"[2]党的十八届四中全会部署的一项重大改革任务——推进以审判为中心的刑事诉讼制度改革，不仅对庭审提出了要求，更强调从刑事诉讼的源头开始就要全面规范收集固定运用证据，指控犯罪。由此，协同构建以证据为核心的刑事指控体系，全面提升刑事案件办理质效，这是"大控方"理念下检察机关和公安机关共同的目标和责任。[3]而全面提升刑事案件办理质效的切入点、突破口则是健全完善侦查监督与协作配合机制，为此，最高人民检察院与公安部在全面调研总结派驻检察机制改革推进情况和经验的基础上，于2021年10月研究制定下发了《关于健全完善侦查监督与协作配合机制的意见》，明确要求检察机关与公安机关通过共同设立侦查监督与协作配合办公室，加强侦检工作的配合，强化立案监督、侦查活动监督，协同构建以证据为核心的刑事指控体系。

即墨区人民检察院坚持把党的二十大精神转化为推进检察

---

〔1〕 参见于仲君：《深化监督配合机制 推进刑事检察运行体系现代化》，载《检察日报》2023年3月17日，第5版。

〔2〕《最高人民检察院关于人民检察院全面深化司法改革情况的报告》，载最高人民检察院官网，https://www.spp.gov.cn/zdgz/201711/t20171102_204013.shtml。

〔3〕 参见华炫宁、郑志恒：《侦查监督与协作配合机制：让监督更有力配合更有效》，载《检察日报》2022年3月4日，第3版。

工作高质量发展的有效方法和强大动力，积极发挥协调推动作用，从机制创新、硬件建设、资源整合等方面入手，不断深化落实侦查监督与协作配合机制，推进刑事诉讼全流程优化升级，以刑事检察现代化助推国家治理现代化。即墨区人民检察院按照最高人民检察院、公安部《关于健全完善侦查监督与协作配合机制的意见》要求，在"一站式"检察服务的基础上，将"一站式"服务模式延伸至整个诉讼体系，依托侦查监督与协作配合办公室，协同公安局、人民法院、司法局，同步推进速裁法庭、法律援助工作站、人民调解工作室一体建设，共同建立刑事案件"一站式"执法办案管理中心，公、检、法、司刑事办案团队同时入驻，检察机关安排速裁办案组进驻，人民法院安排速裁专业团队进驻，强化"侦、诉、审"集约协同办理，按下案件办理"加速键"，率先实现了"执法办案中心＋侦查监督与协作配合办公室＋速裁法庭＋法律援助工作站＋人民调解室"刑事办案"五位一体"平台实体化建设、实质化运行、实效化管理，构建"一站式"诉讼体系，以减少当事人诉累，使司法机关在保证办案质量的同时缩短办案时间，提升诉讼效率。

即墨区人民检察院积极适应以审判为中心的刑事诉讼制度改革的内在要求，针对以往办案实践中存在的简单轮案扰乱办案节奏、简案繁案发力不精准、侦诉审衔接协作不顺畅、文书冗杂拖累办案效率等问题，会同公安局、人民法院、司法局对刑事办案全流程进行优化升级，打造繁简分流"四级办案"新模式，跑出了刑事办案的"加速度"。即墨区人民检察院配套引入人民调解、赔偿保金证等制度，加大刑事和解力度，努力实现办案有速度、解纷有力度、服务有温度。

二、聚焦效能发挥，优化刑事检察内部运行机制

（一）科学调整轮案机制，实现繁简精准分流

第一，以案件分级促科学轮案。针对以往办案实践中存在的案多人少、简单轮案扰乱办案节奏、简案繁案发力不精准的突出问题，即墨区人民检察院抓住"案件""人员"两个核心要素，遵循"案件分级、按级分组、按组分案"的思路，出台《繁简分流四级办案模式操作指引》，对全部刑事案件特点深度分析研究，按照从简到繁的标准将案件分为四级：危险驾驶案件、交通肇事案件为一级；事实清楚，证据确实、充分的故意伤害、盗窃等9个常见轻罪名为二级；存在证据缺失的故意伤害、盗窃等9个常见轻罪名为三级；诈骗、性侵、涉黑涉恶、涉信访舆情等重大疑难复杂案件为四级。严格按照案件等级进行轮案，其中，对第一级、第二级案件，全部适用速裁程序办理。据统计，截至2023年1月，速裁案件适用率从2022年1月的32.3%提升至47.7%，平均办案期限缩短51%，全年审结率提升至98%。2022年5月至2023年5月，即墨区人民检察院共办理危险驾驶和交通肇事案件450件，平均办案时长约为3天；新受理案件平均办案周期为20天左右，同比缩短60%以上。

第二，以人员定岗促专业化办案。综合分析各办案层级的案件数量、案件难度、诉讼程序等情况，结合员额检察官业务能力、办案特点及个人意愿，每一级配置固定办案人员，固定办理对应级别案件，实现"案"与"人"的最佳配比。其中，第一级办案组配备2名员额检察官，年办案量预计500余件，第二级办案组配备2名员额检察官及1名检察官助理，年办案量预计300余件，年办案总量预计800余件，占总案件数60%左右，实现事实清楚，证据确实、充分轻微刑事案件集中快

办。对专业性较强、难度较高的金融、知识产权、黑恶势力性质等第四级别案件，集中业务能力强的员额检察官成立专业化办案团队，实现繁案精办、专案办理。

第三，以专项考核促责任落实。即墨区人民检察院对四级案件分别设定5日、10日、1个月以及1个月以上的基本办案时限，以及97%、95%、90%、80%的月度最低审结率，每周二、周四固定召开检察官联席会议调度办案情况，对超规定期限未结的案件逐一说明原因，对无故超期的通报扣分、限期整改，并将审结率纳入绩效考核，切实发挥考核指挥棒作用，督促办案人把功夫下在平时，加快办案节奏，避免案件积压形成"堵车"问题。

（二）推动文书删减并合，实现办案减负提速

第一，文书合并，推行"一单式告知+电子送达"。即墨区人民检察院对四级案件均实行犯罪嫌疑人、被害人权利义务一单式告知，将权利义务告知书、委托诉讼代理人告知书、认罪认罚从宽制度告知书三份文书内容合并为一份权利义务告知书。在可预见的未来，即墨区人民检察院将持续研发并精进电子告知系统，通过与2.0系统相匹配，在传统人工告知方式之外，探索多样化、智能化的权利义务告知方式。

第二，文书简化，减少大量冗余文书。对速裁案件，不再制作讯问提纲、传唤证、询问通知书、办案告知卡、适用速裁程序建议书，相关内容纳入讯问、询问笔录和起诉书。将风险评估预警表、领导干部和司法机关内部人员干预表、廉洁自律卡等内容在审查报告中进行列举说明。

第三，文书优化，实行"差异化+表格式"审查报告。对速裁案件推行差异化表格式审查报告，结合11类案件证据标准，对每类案件影响定罪量刑的关键情节进行罗列，只需勾选"是"或"否"，不再详细摘录诉讼经过、证据内容及页码等

内容，极大节省审查报告制作时间。

综上，刑事案件繁简分流工作机制的推行，大大提高了结案的积极性和办案效率，有效避免了压案积案问题，确保了案件办理质量与速度。

三、聚焦协作配合，推动刑事速裁全流程提质增效

（一）牵头推进，打通"一站式"速裁路径

即墨区人民检察院向即墨区委政法委专题报告刑事案件"一站式"诉讼工作，多次与人民法院、公安局、司法局就"一站式"速裁案件办理重点、难点问题召开联席会议、座谈会，解决了"认罪认罚自愿性""证据开示""精准量刑说理性"等影响速裁案件办理效率等常见问题，并牵头四部门联合出台了《关于适用刑事速裁程序的实施意见》，对速裁案件办理职能分工、适用范围、认罪认罚具结书签署程序等内容予以明确，简化程序，打通堵点，有效缩减速裁案件办理时间，进一步促进速裁案件规范化办理。例如，在即墨公、检、法联动速办一起危险驾驶案中，沙某某在即墨打工期间，酒后无证驾驶无牌照二轮摩托车，与万某某驾驶的汽车相撞，经鉴定其血液内酒精含量达到 217.5mg/100ml，涉嫌危险驾驶罪。2022 年7 月 11 日，沙某某接受处理，公安机关按照即墨区公、检、法、司会签的《关于适用刑事案件速裁程序的实施意见》的规定，当日即将案件移送检察院审查起诉。即墨区人民检察院受理案件后，办案人在当日完成提审、认罪认罚具结等程序，提出拘役 3 个月、罚金 8500 元的量刑建议，于 7 月 12 日上午将案件起诉至人民法院。即墨区人民法院在受理案件后，于当日下午适用速裁程序对案件开庭审理，采纳检察院量刑建议后作出判决。沙某某对于该判决予以认可，当庭表示不上诉。

（二）集聚职能，推动速裁案件顺畅流转

即墨区人民检察院依托即墨区公安局执法办案中心、交警大队设立两处"一站式"速裁办案区，公、检、法、司分别指派办案团队入驻，打破空间屏障，发挥"集聚"效应，强化"侦、诉、审、执、监"集约协同办理，推行"集中告知、集中提审、集中签字具结、集中审查起诉、集中开庭审理"的"五集中"办理机制，部分案件做到刑拘直判。同时，着力提升信息化水平，探索推进升级远程提审、电子捺印、文字识别、文书自动生成等系统，通过科技手段提升办案效率。

（三）统一标准，推动速裁案件办理提质增效

加强公、检、法磋商，搭建一站式诉讼平台，统一执法司法尺度。即墨区人民检察院制定适用速裁程序的 11 个罪名案件证据标准清单，统一证据标准，引导公安机关按照证据标准侦查取证，对速裁案件在不降低证明标准的情况下，优化证据种类，真正做到"简办不陋办，提速不降质"。即墨区人民检察院强化诉前筛选，对可能适用速裁程序的案件，由公安机关在起诉意见书中统一注明并在诉讼卷宗加盖"刑事速裁案件"标识，提高案件识别率，对识别标准判断有分歧案件，派员提前会商确认，为畅通办理流程奠定基础。

四、聚焦能动履职，实现刑事案件痛点堵点提前化解

（一）证据审查前置

即墨区人民检察院结合四级办案机制，依托侦查监督与协作配合办公室，大幅提高提前介入比例，重点对诈骗、性侵、涉黑涉恶、涉信访舆情等重大疑难复杂的第四级案件实现全面介入，对案件事实认定、证据标准等问题在侦查阶段向公安机关列明侦查提纲，完善案件证据。在办理黄某某聚众扰乱社会

秩序案的过程中，即墨区人民检察院依托侦查监督与协作配合办公室，及时安排业务骨干提前介入，提出侦查取证意见，固定涉嫌犯罪证据。一是针对黄某某等人反映的土地征收问题，引导公安机关全面调取了土地补偿记账凭证、土地及青苗补偿发放明细等证据，查清企业已按照规定全额缴纳相关费用；二是引导公安机关调取黄某某等人微信聊天记录、项目工地现场监控视频等证据，查清黄某某等人煽动村民阻拦施工的预谋经过以及现场阻拦施工具体行为，为精准打击奠定基础。即墨区人民检察院的履职行为快速推进了侦查取证和证据审查工作，实现了证据审查前置化，保障案件依法及时高效办理。

（二）矛盾化解前置

即墨区人民检察院将矛盾化解工作明确列入公、检、法、司会签意见，牵头制定《关于建立财产刑保证金提存、刑事赔偿保证金提存制度的工作意见》，探索引入人民调解员参与刑事案件矛盾化解机制，对在侦查阶段的交通肇事、故意伤害等轻微刑事案件，会同公安机关积极开展矛盾调处、刑事和解工作，推动犯罪嫌疑人认罪认罚，促成和解17件，犯罪嫌疑人赔偿金额达120余万元，有效促进案结、事了、人和，被害人专程赠送锦旗致谢。即墨区人民检察院完善公开听证制度，对信访案件、存疑不诉等案件，邀请公安机关、值班律师等参与，共同做好释法说理。2022年，即墨区人民检察院开展刑事案件公开听证88件。

（三）分歧解决前置

建立公、检、法联合研讨机制，定期召开公、检、法联席会议。即墨区人民检察院针对办案中存在的文书格式不规范、取证不及时、证据链条薄弱等问题，进行通报研究，及时跟踪、督促整改，推动提升办案质效；对存在争议的疑难复杂案件提前阅卷，共同会商。2022 年至 2023 年，即墨区人民检察院召开联席会多次，研究案件 12 件，有效解决办案分歧，及时打通办案梗阻，实现刑事案件的顺畅流转。

即墨区人民检察院将在青岛市人民检察院和即墨区委政法委的正确领导下，继续加强与即墨区人民法院、公安局、司法局的协作配合，坚持务求实效原则，高标准规划推进"一站式"办案区建设，及时完善改进措施，深入总结工作经验，全面优化刑事办案机制，积极打造具有即墨特色的检察工作品牌亮点，最大化提升办案质效，为人民群众提供更加优质的司法产品。

第四节　完善"四检合一"工作体系

一、"四检合一"工作体系的基本内涵

2019 年 1 月，全国检察长会议指出，要主动适应形势发展变化，深化内设机构改革，推动"四大检察"全面协调充分发展。通过检察机关内设机构系统性、整体性、重塑性改革，检察机关法律监督总体布局将实现刑事、民事、行政、公益诉讼检察并行，检察机关法律监督职能行使将进一步优化。[1] 2022 年，山东省人民检察院为深入落实《关于加强黄河两岸公益诉讼检察工作协作配合的实施意见》，组织沿黄河九市检察机关开展"四检合一"试点工作。2023 年《山东省人民检察院工作报告》提出，统筹深化"四检合一"。2023 年 7 月，大检察官研讨班强调，"四大检察"内在统一于"法律监督"这一宪

---

〔1〕 参见祁彪：《做到"四大检察"，向何方？》，载最高人民检察院官网，https：//www. spp. gov. cn/spp/zdgz/202002/t20200224_ 455160. shtml。

法赋予的根本职责，要坚持依法一体履职、综合履职、能动履职。检察机关要有格局、有站位、有境界，加强与其他执法司法机关协作配合，一体推进执法司法制约监督机制建设，共同维护公正、维护人民利益。[1] 这对"四检合一"工作体系的构建与完善提出了新的要求。

"四检合一"工作体系的构建与完善存在其内在动因：其一，这是适应检察职能变化，纾解监督线索信息损耗甚至流失等困境，落实监督办案一体化的要求；其二，这是优化司法资源配置，解决不同层级、同一层级不同地区间检察职能履行发展的不平衡、不充分问题的要求；其三，这是综合运用检察履职方式，适应执法司法模式变化的要求，对于诸如未成年人保护、知识产权保护等涉及特殊群体和重大公共利益保护的领域，检察机关需要整合行政机关、司法机关、社会群体等多方力量，强化系统治理、综合保护。[2]

在此背景下，即墨区人民检察院为提升检察公益诉讼专业化能力水平，对公共利益进行全方位司法保护，探索建立食药环领域专业化办案机制，即"四检合一"办案模式。具体而言，就是由公益诉讼检察部门统一承担涉及生态环境和资源保护、食品药品安全领域案件的民事、行政、公益诉讼和刑事检察职能，实现检察监督职能发挥的最优化。即墨区人民检察院适用"四检合一"公益诉讼办案新模式，通过由同一检察官或办案组对上述领域案件"一办到底"，对案件刑事责任、民事责任和行政责任进行"一案三查"，构建"专业化监督＋恢复性司法＋法治化治理"立体化办案模式，有利于实现公益保护

〔1〕 参见巩宸宇：《为大局服务　为人民司法　为法治担当　以检察工作现代化服务中国式现代化》，载《检察日报》2023年7月20日，第1版。
〔2〕 参见王新建：《融合一体："四大检察"高质量发展有效路径》，载《检察日报》2022年8月22日，第3版。

最佳效能。

二、优化职能设置，建立案件办理一体化机制

（一）加强领导，组建"四检合一"公益诉讼办案组

即墨区人民检察院一直高度重视公益诉讼工作，始终牢牢坚持保护公益这个核心，在实践中展开积极探索，率先推行"四检合一"公益诉讼办案新模式。专门组建公益诉讼办案组，由1名刑事办案经验丰富，精通民事、行政、公益诉讼业务的员额检察官，以及1名检察官助理和1名书记员组成。

（二）科学设置，实现案件一体化办理

即墨区人民检察院在案件受理环节，专门作出了具体规定。案管部门在受理案件时，发现涉及生态环境和资源保护、食品药品安全领域的刑事案件，将线索报送公益诉讼检察部门，公益诉讼检察部门经审查作出初步决定，制作《公益诉讼案件办案申请表》，报检察长决定是否由公益诉讼办案组进行审查逮捕、审查起诉、公益诉讼一体化办理。如遇疑难复杂、涉案人数众多及有重大社会影响的案件，检察长可决定启动跨部门联合办案组，组成由公益诉讼办案组为主体、其他相关部门协助的临时性跨部门专案组，由专案组实行一体化办理。

三、优化协作机制，实现案件办理精准化

（一）加强与公安机关的沟通，引导取证

强化检侦办案协作，与公安机关建立信息共享机制，公安机关立案后及时向检察机关通报，检察机关立即派员，就刑事和公益诉讼部分同时提前介入，尤其对于涉及公益诉讼部分的证据，如经鉴定为有毒、有害食品的销售金额，特别是销售给不特定对象的金额等提前与侦查机关沟通，提前固定在刑事附

带民事公益诉讼案件中公益是否受损害、损害程度和金额、因果关系等证据链条。全面引导侦查取证，及时补充证据，避免因民事公益诉讼启动滞后而面临证据缺失无法弥补的窘境。

即墨区人民检察院办案组在办理于某某等销售有毒、有害食品一案时，经过研究后确定，对于销售的金额、范围、造成的具体损失后果中不属于有毒、有害食品的，不列入刑事附带民事公益诉讼损害数额的计算。通过审查该案和已办结的刑事附带民事公益诉讼案件，发现公安机关在办理生产、销售有毒、有害食品案件时，从刑事犯罪办案角度出发，侧重于鉴定以及对有毒、有害食品来源、主观故意、经营时间等的侦查取证，对经鉴定为有毒、有害食品的销售金额，特别是销售给不特定对象的金额证据不足，而这恰恰是公益诉讼中确定惩罚性赔偿金的关键证据。为此，办案组向公安机关发出补充侦查提纲，与即墨区食药环大队开展座谈，就公益诉讼案件证据体系进行讲解，引导公安机关在刑事案件侦查过程中同步固定民事公益诉讼证据。

（二）加强与行政机关的沟通，形成合力

即墨区人民检察院在运用"四检合一"办理案件时，一旦发现相关的行政部门不作为，马上同步立案，监督行政执法力量以最快速度终止公益损害的持续发生。例如，在办理于某某案件过程中，即墨区人民检察院发现犯罪嫌疑人存在超出核准登记的经营范围从事经营活动的违法情形，立即向即墨区市场监督管理局制发检察建议，建议依法处理，行政机关已作出吊销营业执照的处罚决定。

针对行政机关涉刑人员信息收集难的问题，即墨区人民检察院发挥牵头作用，会同公安局、人民法院等多个部门联合出台《即墨区食药环领域涉刑案件联合处置工作机制》，建立综合分析研判、案件线索交流、提前介入引导侦查、信息资源共享、联合调查研究、共同推行业务培训的工作机制，弥补工作短板，充分发挥各单位资源优势做到有效无缝衔接，形成即墨区打击危害食品安全、破坏生态环境资源犯罪合力。在办案中促进解决深层次的社会治理问题，是检察机关的社会责任。注重换位思考，积极为行政机关依法履职提供司法支持，畅通信息共享，有助于弥补工作短板，提升案件办理专业化问题的解决和检察履职的规范化、公开化，提升以案释法、以事普法的权威性和接受度。同时充分发挥各单位资源优势，做到有效无缝衔接，助推溯源治理，形成打击危害食品安全犯罪合力，切实守护群众"舌尖上的安全"。

（三）加强与人民法院的庭前沟通，争取共识

即墨区人民检察院立足法律监督机关的宪法定位，与即墨区人民法院建立庭前会议会商程序，分别就刑事部分和民事部分的证据完善、法律适用、赔偿请求等问题进行情况通报、听取意见。即墨区人民检察院通过与即墨区人民法院积极沟通协调，在公益诉讼起诉人的法律地位、诉讼程序、证据规则、证明责任、法律适用等方面协商一致，达成共识，有力确保了庭审的顺利进行。

四、优化办案流程，促使刑事检察"认罪认罚从宽"与公益诉讼检察有效衔接

大检察官研讨班强调，公益诉讼检察重在突出"精准性""规范性"。[1] 在"四检合一"视域下，检察机关尤其应当注重探索认罪认罚从宽制度与公益诉讼检察的有效衔接路径。

即墨区人民检察院在办理范某某等人销售有毒、有害食品

---

〔1〕 参见《努力推动"四大检察"全面协调充分发展——深入学习贯彻大检察官研讨班精神系列评论之二》，载《检察日报》2023年7月25日，第2版。

刑事附带民事公益诉讼案的过程中，为增强检察工作的透明度和司法公信力，2021 年 11 月 30 日，即墨区人民检察院邀请 2 名人民监督员、1 名律师作为听证员，就本案拟向即墨区人民法院提起公诉，并同步提起刑事附带民事公益诉讼，组织召开公开听证会。针对范某某拒不认罪问题，承办检察官一一列明证据并告知其关于认罪认罚从宽处理的相关规定。在听证会上，人民监督员指出范某某的认知问题，本着常识、常情、常理，分别从不同领域及角度提出监督意见和建议。"这场听证会让我心服口服，听证员还从我的立场为我提建议，我愿意认罪……"范某某自愿认罪认罚，也认识到其行为侵害了社会公共利益，表示自愿承担损害赔偿责任，当场签订了认罪认罚具结书。听证会后，即墨区人民检察院采纳听证员意见，向即墨区人民法院提起公诉，同步提起刑事附带民事公益诉讼，综合考虑违法行为人的过错程度、持续时间、获利情况和财产状况等因素，根据立法精神和裁判规则，分别对 3 人主张不同范围产品价款 10 倍的惩罚性赔偿金。后即墨区人民法院判决支持即墨区人民检察院提出的全部诉讼请求。

即墨区人民检察院选择在综合考虑自愿认罪认罚和承担损害性赔偿责任等情节后提出量刑建议，在诉前与行为人签署认罪认罚具结书，并据此提出量刑建议，实现了刑民责任的同时履行，充分彰显了认罪认罚从宽制度与检察公益诉讼制度的有效衔接。即墨区人民检察院将"认赔"作为认罪认罚从宽制度的组成部分，构建"认罪认罚认赔"的刑事附带民事公益诉讼办案新模式，有助于实现诉前督改的效果。在此基础上，可以规定一定期限作为考察期，要求被追诉人在规定期限内履行义务，若其在规定期限内未履行或未完全履行义务，检察机关有权对量刑建议作出不利于被追诉讼人的调整。

第五节 探索创新检察工作标准化体系

一、检察工作标准化的基本内涵

党的十八大以来，以习近平总书记为核心的党中央高度重视标准化工作。习近平总书记强调，加强标准化工作，实施标准化战略，是一项重要和紧迫的任务。标准化不仅是一种思维方式，还是一种工作方法，越来越广泛地应用于国家政务管理、公共服务、社会治理等多个领域，充分彰显出标准化在刑事检察工作体系现代化进程中举足轻重的地位。[1]《标准化工作指南第 1 部分：标准化和相关活动的通用词汇》（GB/T20000.1－2002）对"标准化"的定义是："为了在一定范围内获得最佳秩序，对现实问题或潜在问题制定共同使用和重复使用的条款的活动。"2016 年是国家深化标准化改革的关键一年。2016 年 9 月，习近平总书记在致第三十九届国际标准化组织大会的贺信中指出："中国将积极实施标准化战略，以标准助力创新发展、协调发展、绿色发展、开放发展、共享发展。我们愿同世界各国一道，深化标准合作，加强交流互鉴，共同完善国际标准体系。"[2] 2021 年 10 月，中共中央、国务院印发了《国家标准化发展纲要》，强调标准化在推进国家治理体系和治理能力现代化中发挥着基础性、引领性作用，新时代推动高质量发展、全面建设社会主义现代化国家，迫切需要进一步加强标准化工作。2023 年 3 月，我国首届标准化大会在南京

---

〔1〕 参见贾卫国、张贵才：《以标准化理念为引领建立案件质量评查标准体系》，载《中国检察官》2021 年第 3 期。

〔2〕 习近平：《习近平致第 39 届国际标准化组织大会的贺信》，载新华网，http://www.xinhunet.com/politics/2016－09/12/c_ 1119554153.htm。

召开，会议学习贯彻习近平总书记关于标准化工作的重要论述，深入贯彻落实党的二十大精神。

标准化是检察工作现代化的重要途径和载体，旨在提供更多更好的法治产品，满足人民群众更高质量的需求。检察工作标准化是指对某项检察工作按照规定程序出台能够重复使用的指导意见、制度等规范性文件。概括地说，就是给某项检察工作制一个模板、画一张图纸，其他相同工作依照此要求办理。由此可见，标准化主要约束物和事，即法治产品和检察产品标准化的意义主要在于统一案件处置、裁判的标准，减少人为因素，从而实现普遍的公平正义。[1] 检察机关办案工作作为一项专业性较强的业务活动，将标准化的理念和方法应用到其中，可以有效解决"缺乏标准依据、执行不一不细"等制约检察工作高质量发展的机制障碍，推动检察工作高质量发展。

二、检察服务标准化的"即墨探索"

检察工作标准化建设不可能一蹴而就，当前要重点从标准制定和执行层面先下功夫，循序渐进，稳步深化。[2] 为积极开展探索检察标准化实践，自 2018 年起，山东省人民检察院积极组织基层检察院开展标准化试点，形成了一批基层检察工作指标标准。2020 年 10 月，青岛市人民检察院发布《关于深入开展"标准化机制建设"工作的通知》，提出要以标准化机制建设为抓手，提升检察工作现代化水平。

2020 年 1 月，国家标准化管理委员会发文明确即墨区人民检察院为"基层检察服务"标准化建设试点单位。为深入贯彻

〔1〕 参见宋赟：《检察工作标准化、智能化、精细化、专业化、规范化的思考》，载《领导科学》2020 年第 23 期。

〔2〕 参见顾雪飞：《履职能力，努力提升检察工作现代化水平》，载《检察日报》2020 年 4 月 14 日，第 3 版。

落实习近平新时代中国特色社会主义思想，全面提升基层检察服务标准化水平，促进检察工作在参与社会治理体系和治理能力现代化中发挥独特作用，即墨区人民检察院结合即墨检察服务实践，制定《基层检察服务标准化试点项目建设实施方案》，确定"服务民营经济发展""公益诉讼检察工作""未成年人检察保护工作"3项重点工作作为基层检察服务试点项目建设的基本内容，用108项标准化核心制度和42个配套工作流程图表，创新构建新发展格局下的检察服务履职模式，做到了办案有规程、服务有标准、操作有指引。在每一个办案程序中，内勤、书记员、检察官助理、员额检察官按照各自职责内容分工负责，对每一案件均按照模块化流程快速办理，避免重复工作与职责不清；对每一领域的案件，都制定案件办理标准化指导细则，按照细则要求快速审查，厘清事实，明确焦点，准确适用法律。2021年，即墨区人民检察院已建立"四分式"服务民营经济高质量发展、"模块化"公益诉讼案件办理和"全链条"未成年人综合保护体系。2023年，根据国家标准化委员会于2023年5月发布的《关于印发2023年度社会管理和公共服务综合标准化试点项目考核评估合格名单的通知》，即墨区人民检察院"基层检察服务标准化试点"顺利通过验收。

三、创新涉民营经济办案线索标准化管理体系

即墨区人民检察院坚持"企业有所需，检察有所为"原则，针对办案标准不统一、检企联络不畅通等19项涉民企办案问题，探索建立了分类定策、分层研商、分级处理、分块服务的"四分式"办案机制，精心打造了28项核心标准，形成涵盖"案前、案中、案后"全过程的"闭环式"标准化管理模式与检察服务流程，精准服务民营经济高质量发展。同时，为切实畅通民营企业（企业家）维权通道，即墨区人民检察院

贯彻落实上级检察院关于保护民营企业发展的部署和要求，有效防范和惩治虚假诉讼，依法维护民营经济主体的合法权益，结合检察机关有关线索管理规定，制定了《青岛市即墨区人民检察院涉民营经济线索管理规定》和《青岛市即墨区人民检察院涉民营经济虚假诉讼案件办理规定》。

第一，对于涉民营经济线索，即墨区人民检察院明确12309 检察服务中心负责民营经济线索管理工作，实行专人负责制。民营经济线索主要包括涉民营经济相关主体向检察机关提出的刑事申诉申请、民事监督申请、立案监督申请、控告举报等能够导入法律程序的涉法涉讼事项，以及向检察机关反映情况、提出意见、建议等一般事项。根据线索反映形式不同，即墨区人民检察院规定了相应的处理对策，针对通过来访、信函、传真、12309 网络平台以及检察机关门户网站等反映情况的不同方式，工作人员应当根据相应规定作出不同的处理。

第二，在《青岛市即墨区人民检察院涉民营经济线索管理规定》中，即墨区人民检察院再次对涉民营经济线索的管理和报告制度作出详细规定，要求所有涉民营经济线索，均实行编码管理，并录入信访系统，严格按照最高人民检察院的统一规定，依照系统内程序进行办理。例如，即墨区人民检察院在办理宋某等人有组织地滋扰、纠缠、哄闹扰乱某著名家居企业经营秩序一案（系青岛市首例"软暴力"犯罪案件）时，启动案后跟踪评估程序，向主管部门发送检察建议，促成市场管理专项整顿，净化了经营环境。该案被山东省人民检察院评为"全省优秀服务经济社会发展暨参与社会治理案件"。

第三，对于涉民营经济虚假诉讼案件，即墨区人民检察院明确了坚持打击保护并重、民刑有机衔接等监督原则，要求加强检察机关内部的协作配合，与审判机关、侦查机关、司法行政机关加强信息共享、形成打击合力。涉民营经济虚假诉讼主要包括民营企业（企业家）作为案件当事人、其他诉讼参与人等，单独或者双方恶意串通，以捏造的事实提起民事诉讼，侵害他人合法权益；或者案件当事人、其他诉讼参与人等，单独或者双方恶意串通，以捏造的事实提起民事诉讼，侵害民营企业（企业家）合法权益，妨害司法秩序的行为。对于收集的涉民营经济虚假诉讼线索，即墨区人民检察院如实登记并严格按照线索管理规定和《青岛市即墨区人民检察院行政执法检察监督和涉嫌刑事犯罪案件线索双向移送工作办法》进行管理、分流和办理。

四、打造公益诉讼标准化工作模式

即墨区人民检察院紧紧围绕保障和推进党和国家有关国计民生政策的落地落实，积极探索新阶段开展公益诉讼检察工作新途径，积极打造"一轴＋两翼＋N项核心制度"标准化工作模式，创制《公益诉讼案件实行"检察官＋法警"一体化办理标准细则》《公益诉讼案件模块化办理意见》《公益诉讼案件公开听证程序细则》等核心制度，再造了全程可控、流程更简、效果更优的标准化规程，实现了工作的规范化、实效化。在青岛市人民检察院作出实施"标准化＋"战略的创新性工作部署下，即墨区人民检察院始终围绕做好"公共利益代表"这一公益诉讼"轴心"，打造创新性开展公益诉讼工作的"动力源"，主动就重大部署、重大事项向区委、区人大专题汇报，听取工作指示。其中，在办理督促区海洋与渔业局依法履职诉前程序一案的过程中，即墨区人民检察院采取"检察官＋法警"工作模式，多次实地勘查、调查询问，确定非法侵占海域事实，发出诉前检察建议，督促该局作出涉事公司恢复海域原状、罚款1700余万元的处罚决定。该案入选山东省省"生态环境和资源保护领域十大公益诉讼典型案件"，最高人民检察院、山东省人民检察院和青岛市人民检察院转发经验做法10余次，《检察日报》等多家媒体予以报道，1名干警获记山东省人民检察院三等功，1名干警被评为山东省优秀检察官（公益诉讼检察工作），山东省人民检察院主要领导作出批示予以肯定，并要求全省学习借鉴。

第一，聚焦服务大局，保障经济社会高质量发展。积极践行恢复性司法理念，针对办理的3起滥伐林木案，向区自然资源局发出检察建议，督促、推动区自然资源局作出处罚决定，责令违法行为人补种林木2800余株，恢复林地原状，修复受损的公共利益。即墨区人民检察院检察官时刻保持办案的敏锐性，发现马山国家级自然保护区内多处垃圾堆放、影响生态环境后，向区自然资源局发出检察建议，督促其建立健全长效工作机制，守护好地质遗迹。该局第一时间组织垃圾清理，设置垃圾箱，并书面回复整改情况。该案被青岛市人民检察院写入向人代会所作的报告，取得良好社会效果。

第二，聚焦食品药品安全，保障"舌尖上的安全"。即墨区人民检察院深入开展"保护千家万户舌尖上的安全"公益诉讼专项活动，开展网络外卖、校园小饭桌、非法经营药品等公益诉讼监督小专项，发送行政诉前检察建议10余件，有效推动有关部门严格食品药品安全标准、完善食品药品安全监管机制和措施。依法提起食品药品领域刑事附带民事公益诉讼1件，该案一审判决全部支持即墨区人民检察院提出的承担惩罚性赔偿金、赔礼道歉等公益诉讼请求。

第三，聚焦平安建设，提升群众的幸福感和获得感。即墨区人民检察院在青岛市率先尝试将公益诉讼工作拓展到安全生产领域，主动对接"平安青岛建设攻势"，并根据山东省人民检察院、青岛市人民检察院关于开展安全生产领域公益诉讼专项监督活动的要求，以危险化学品安全为监督重点，开展了

"液氨危险品整治回头看"活动，对 40 余家涉氨企业进行走访，向相关行政机关制发检察建议，督促履职整改，相关行政机关已全部采纳即墨区人民检察院建议，按要求切断制冷设备、管道，完成整改，切实消除安全隐患，助推民营企业健康安全发展。

五、创新未成年人检察保护标准化工作模式

为切实推进未成年人检察标准化建设，精准发挥检察优势、检察智慧，真正实现"从严打击、综合保护"的未成年人检察理念落地开花，按照党中央部署和最高人民检察院要求，即墨区人民检察院在新阶段、新形势下，积极探索开展未成年人检察保护工作新途径，用心搭建"1＋2＋3＋N"检察保护平台，创新标准化工作模式，制定《关于精准推进未成年人检察保护标准化工作的实施意见》。在该文件指导下，即墨区人民检察院陆续出台《未成年人附条件不起诉积分适用评议标准》《即墨区未检工作社会支持体系合作协议》《未成年人附条件不起诉积分适用评议标准》等数十项工作标准，先后获得"全省青年志愿服务先进集体"、全省"青少年维权岗"等荣誉数十项，多名干警获评"全国青少年普法教育活动先进个人""全省青少年毒品预防教育优秀辅导员""第二届全省检察机关未成年人刑事检察业务竞赛能手"等荣誉，经验做法被最高人民检察院转发推广，被《检察日报》等 10 余家媒体报道。同时，即墨区人民检察院不断优化青少年法治教育基地的管理使用，组织开设公益课程，实现了阵地化、专业化、标准化的有机结合，被山东省司法厅评为"省级法治宣传教育示范基地"。

第一，即墨区人民检察院紧紧围绕"教育、感化、挽救"方针和"教育为主、惩罚为辅"的原则，积极创新标准化工作

机制和制度，打造工作新亮点。一是制定未成年人犯罪案件审查起诉考评标准。出台《未成年人附条件不起诉积分适用评议标准》，对未成年犯罪嫌疑人按照犯罪情节、是否具备管护条件等 11 项指标进行量化赋分，得分作为适用附条件不起诉的标准。二是设立未成年人附条件不起诉监督考察标准。在附条件不起诉考察期间，按照参加公益劳动、获得表彰奖励等 7 项"正向标准"和违反治安规定、脱管漏管等 6 项"负面标准"进行评分，有效解决附条件不起诉不想做、不敢做的问题，工作经验被最高人民检察院、山东省人民检察院和青岛市人民检察院转发。三是建立合适成年人工作制度。积极探索由检察官主导，专业社工、志愿者、爱心人士等参与的"检察＋N"模式，与即墨区关爱未成年人工作委员会、人民法院、公安局等会签《合适成年人参与刑事诉讼暂行办法》，为全山东省提供了样本，并被《检察日报》等宣传报道。

第二，即墨区人民检察院发挥专业优势，设置专业化办案团队，实现未检办案专门化。一是针对未成年人特殊的刑事政策和特别诉讼程序，成立专门的未检办案团队，由 1 名员额检察官和 2 名检察官助理组成，专职办理涉及未成年人的刑事、民事、行政、刑事执行案件，实现了未检案件办理的专业化和规范化。在办理首起自行侦查的敲诈勒索未成年人案件的过程中，即墨区人民检察院启动刑事诉讼背书程序，追加 3 项漏罪，被告人最终被判处有期徒刑 12 年。二是成立"墨检护航"普法宣讲团，打造未检普法宣讲品牌。组织 21 名年轻检察干警组成"墨检护航"预防未成年人犯罪宣讲团，建立"菜单式"和"订单式"定向宣讲模式，获"山东省青年志愿服务先进集体"称号，新华社内参以《青岛即墨"检校融合"有效降低青少年犯罪》为题予以详细报道。三是建立心理咨询团队。与教育咨询有限公司联合组成未成年人心理咨询工作领导小组，组员由取得三级以上心理咨询师资质的 23 名干警组成。未成年人心理咨询工作领导小组建立定期联席会议制度，每半年组织一次联席会，对工作开展进行总结和研商。与此同时，未成年人心理咨询工作领导小组引入心理评估机制，对有自杀、自残倾向或者相关行为表现的涉案未成年人，组织专家进行心理危机干预，对因家庭原因，影响涉案未成年人心理健康发育的，及时开展家庭教育，必要时启动亲子教育和亲子沟通辅导，帮助构建和谐健康的家庭模式。

第三，即墨区人民检察院还积极更新理念，构筑青少年法治教育基地，与即墨区中学生综合实践基地建立合作平台。坚持内外联动，支持和引导社会工作服务机构向涉罪未成年人、未成年被害人以及民事、行政案件未成年当事人提供必要的心理疏导、社会调查、观护帮教、社会救助、临界预防、行为矫正等社会服务，构建专业组织参与的社会支持体系，并建立了青岛市首个未成年人司法服务中心，探索推动司法社工培育和未检工作社会化参与。该司法服务中心对 41 名涉罪未成年人开展帮教，对 21 名被侵害未成年人开展心理疏导治疗，对 19 个严重问题家庭开展亲职教育。在回归校园的 25 名被帮教人中，有 7 人考上大学，18 人参加工作。

第四章　刑事检察工作机制现代化的基层探索

第一节　刑事检察工作机制现代化的基本阐释

　　党的二十大报告明确指出："深化司法体制综合配套改革，全面准确落实司法责任制，加快建设公正高效权威的社会主义司法制度。"在此基础上，2023 年 1 月，全国检察长会议强调，检察工作现代化的关键在于"法律监督机制现代化",[1] 将检察工作机制现代化摆在了检察工作现代化十分重要的地位。2023 年 4 月，最高人民检察院调研组在北京市人民检察院第二分院调研时指出，实现全面协调充分发展，需要不断深化检察工作机制创新，要强化一体履职、综合履职，探索打破业务"壁垒"，突破数据"烟囱"，形成履职合力，以履职办案机制的现代化推进检察工作现代化。[2] 其中，在检察工作领域，刑事检察工作机制的现代化要求检察机关在传统工作机制基础上，通过技术、制度、管理等方面的现代化手段，实现刑事检察工作的公正与高效，增强其透明度和权威性，使检察权的运

---

　　〔1〕 参见《守正创新　开拓进取　以检察工作现代化服务中国式现代化》，载《检察日报》2023 年 1 月 10 日，第 1 版。

　　〔2〕 参见巩宸宇：《最高检：推进法律监督理念体系机制能力现代化　更好为大局服务为人民司法》，载最高人民检察院官网，https://www.spp.gov.cn//tt/202304/t20230421_612028.shtml。

行符合司法规律、更好地服务于检察工作现代化建设。

为贯彻落实党的二十大精神，加强检察机关法律监督工作，2023 年 2 月山东省检察长会议提出"持续做强刑事检察，深化侦查监督与协作配合办公室机制建设，强化刑事审判监督""持续做好职务犯罪检察，认真落实监检衔接机制"，[1] 着力推进山东检察工作现代化建设。在推进刑事检察工作机制现代化的要求下，即墨区人民检察院将以下几个方面作为重点工程：一是落实检察机关提前介入侦查机制；二是探索刑事诉讼监督背书制度；三是建立"四大检察"线索双向移送机制；四是完善认罪认罚案件控辩具结与量刑建议机制；五是深化监检衔接配合机制；六是创新涉案企业合规改革试点工作；七是推进诉源治理机制。

第二节　落实检察机关提前介入侦查机制

一、检察机关提前介入侦查机制的基本内涵

近年来，最高人民检察院、公安部等有关部门陆续出台规范文件，将检察机关提前介入侦查机制纳入我国刑事诉讼体系之中。《刑事诉讼法》第 87 条规定："必要的时候，人民检察院可以派人参加公安机关对于重大案件的讨论。"2019 年最高人民检察院印发的《人民检察院刑事诉讼规则》第 256 条对检察机关提前介入侦查的时机和范围作了原则性规定："经公安机关商请或者人民检察院认为确有必要时，可以派员适时介入重大、疑难、复杂案件的侦查活动，参加公安机关对于重大案

---

〔1〕　梁平妮：《山东省检察长会议召开　奋力推进山东检察工作现代化》，载法治网，http：//www.legaldaily.com.cn/index/content/2023－02/22/content_8824881.html。

件的讨论，对案件性质、收集证据、适用法律等提出意见，监督侦查活动是否合法。"

检察机关提前介入侦查机制的核心要求在于，检察机关针对公安机关立案侦查的刑事案件，应公安机关的商请或者认为有必要时派员提前介入侦查程序，对收集证据、适用法律提出意见，并依法履行法律监督职责。[1] 也就是说，检察机关在公安机关提请批准逮捕、移送起诉之前便参与刑事案件侦查活动中，从而实施法律监督，规范侦查行为。这一机制是以履行法律监督职责为基础，在司法实践中发展出来的新型的法律监督模式，检察机关通过提前介入重要刑事案件，实现了对侦查活动由被动、静态、事后的监督方式向主动、动态、同步的监督方式的转变。在以审判为中心的诉讼制度改革背景下，检察机关提前介入机制符合司法规律和我国现实需要，有助于优化检警协作、提升诉讼效率、推动检察机关能动履职。

二、做优引导侦查，规范提前介入模式

为积极发挥宪法法律赋予检察机关的法律监督职责，加强检察机关与侦查机关的协调配合，规范提前介入侦查活动，即墨区人民检察院结合工作实际，制定《重点案件提前介入的工作细则》，规定主要由四级办案检察官或检察官办案组进行提前介入工作，立足侦查监督与协作配合办公室职能，与区公安局法制大队定期研判公安机关立案侦查的重点案件，合理规划介入工作。

其中，对于涉黑涉恶、诈骗、寻衅滋事、性侵害、故意伤害致人死亡、故意杀人、污染环境、以危险方法危害公共安全

---

[1] 参见《六项举措强化提前介入侦查工作》，载最高人民检察院官网，https：//www.spp.gov.cn/ztk/dfld/2017dfld/dfld98_ 5099/ywtt/201708/t20170817_ 198472.shtml。

等案件以及涉信访舆情的案件，即墨区人民检察院实行全介入模式。对于新类型案件，对关键证据采信、主要事实认定和法律适用有较大争议的案件，犯罪嫌疑人零口供等证据薄弱的案件，有重大社会影响、人民群众或媒体较为关注的案件，上级机关交办、督办案件以及其他有必要提前介入的案件，由即墨区人民检察院根据具体情况决定是否提前介入。例如，在办理一起外地上市公司即墨分公司为虚增业绩重大虚开骗税刑事案件时，涉案企业在无实际经营业务的情况下，虚开增值税专用发票，骗取国家税款，数额巨大，给国家税款造成严重损失，严重扰乱经济秩序和国家税收征管秩序。针对该案，即墨区人民检察院联合侦查机关协同发力，提前介入，引导侦查机关按照法庭审判所需证据标准来收集、固定和补充证据，确定侦查方向，依法批准逮捕 15 名犯罪嫌疑人，有力震慑了违法犯罪单位和个人，维护了经济税收秩序。又如，在办理"高产环评师"提供虚假证明文件罪一案时，由于该案系环评造假入刑第一案，在司法领域尚无判例，亦无相关司法解释等予以参考，即墨区人民检察院在办理案件过程中，从提前介入阶段在全面看卷的基础上全面了解案情，并全面翔实查阅资料，多次向公安机关送达侦查取证提纲，引导公安机关利用最短时间、最有效的方式进行侦查取证并形成 100 余册刑事卷宗，确保案件证据链条完整，案件事实清楚，证据确实、充分，为案件有效、准确、及时办理提供保障。

在检察机关提前介入侦查的实际工作规范方面，即墨区人民检察院制定了一系列规范措施，并在《重点案件提前介入的工作细则》中予以明确，为提前介入工作的具体展开提供了依据，引导提升基层检察人员提前介入侦查及同步监督的能力水平。具体而言，第四级办案检察官或办案组在提前介入侦查活动后，主要就侦查取证的思路、方向和重点提出意见和建议，引导侦查部门依法、及时、规范地开展取证工作，全面客观地收集证明犯罪嫌疑人有罪、罪重以及无罪、罪轻的证据；根据指控犯罪的需要，对侦查部门已经获取的证据材料进行分析，提出进一步补充、固定、完善证据的具体建议，督促侦查部门及时收集容易毁损灭失、隐匿转移的证据；对发现的非法证据，提出依法排除或者重新收集的意见，对瑕疵证据提出完善补正的意见；对侦查部门提出的案件事实认定、法律适用问题，提出意见和建议；依法监督侦查活动是否合法，发现侦查活动违法的，提出纠正意见；就案件管辖、法律文书是否齐全、卷宗材料是否齐备、是否适用认罪认罚从宽制度等提出意见和建议。

对于重大、疑难、复杂、敏感案件，检察人员在介入侦查引导取证期间，审查侦查机关已经获取的证据材料后，可以出具《提前介入工作建议》，对侦查方向和侦查重点等提出意见。同时，提前介入侦查的检察机关工作人员应当将侦查机关对《提前介入工作建议》的落实情况，作为案件后续审查逮捕、审查起诉的重要审查内容，提升审查逮捕、审查起诉工作的质量和效率。例如，在办理非晶带材企业被侵犯商业秘密案件时，即墨区人民检察院第一时间提前介入，依法批捕、起诉窃取企业秘密的内部员工姜某某、于某，并追诉 1 名内部员工，同时继续深挖犯罪链条，先后对策动姜某某等出卖商业秘密的甲公司技术副总、总经理、法定代表人共 3 人建议公安机关追捕、追诉。其中，针对甲公司法定代表人方某某拒不认罪的情况，即墨区人民检察院引导公安机关补充证据材料 45 项，全面固定证据，依法从快作出批捕决定并提起公诉。即墨区人民检察院检察长列席人民法院审委会会议讨论该案，提出从重处理的检察意见，有力打击了企业高管与同行企业内外勾结窃取商业秘密的犯罪行为。该案被山东省人民检察院评为"全省检察机关经济犯罪典型案例"。

即墨区人民检察院在办理时某甲洗钱案过程中，适用检察机关提前介入侦查机制，取得了显著成效。2019年初，被告人时某甲母亲王某某投资一洗码理财项目（为集资诈骗而虚构的理财项目），后被告人时某甲也投资该项目并与项目负责人时某乙熟识。2019年四五月起，被告人时某甲明知时某乙要使用银行卡接收洗码理财项目投资款，仍将其本人及其丈夫、母亲、姐姐、小叔子等人共计12张银行卡提供给时某乙使用，涉案银行账户转入金额共达1亿4900余万元。此外，被告人时某甲协助时某乙购买1处房屋登记于被告人时某甲的姐姐名下，购买3处房产登记于被告人时某甲名下，上述房产及车位购买价格共计700余万元。2022年4月24日，青岛市即墨区人民检察院以洗钱罪对时某甲提起公诉。2022年6月28日，青岛市即墨区人民法院作出判决，认定时某甲犯洗钱罪，判处有期徒刑5年6个月，并处罚金人民币50万元。宣判后，时某甲服判，未上诉。

洗钱案件在基层检察院相对较少，时某甲涉嫌洗钱案件系即墨区人民检察院审结的第一起洗钱案件。为成功办理好这一首例案件，在公安机关立案侦查期间，即墨区人民检察院安排检察人员提前介入，与公安机关共同对案件进行梳理研判。

在本案的提前介入工作中，办案人员发现已另案处理的主犯江某某还存在自洗钱行为，遂及时引导公安机关就发现的自洗钱线索进行补充侦查，并监督公安机关立案。此外，由于在认定时某甲涉嫌洗钱犯罪数额时遇到困难，即墨区人民检察院负责提前介入的人员及时引导公安机关委托审计公司对嫌疑人资金情况进行第二次审计，将倒账的及不明来源的款项不计入洗钱犯罪数额，解决了本案犯罪数额认定困难的问题，夯实了证据体系，提高了案件办理的质量和效率，为案件的顺利起诉打下了坚实的基础。由此，即墨区人民检察院综合运用提前介入、引导侦查、追捕追诉、列席审委会会议等方式，实现了对关联犯罪、上下游犯罪的"全链条"打击。

第三节　探索刑事诉讼监督背书制度

一、刑事诉讼监督背书制度的基本内涵

党的十八大以来，习近平总书记作出一系列重要指示，深刻阐明检察机关法律监督的宪法定位、主要职责、基本任务，构成了习近平法治思想的重要组成部分，为新时代党的检察事业创新发展提供了根本遵循。2021 年《关于加强新时代检察机关法律监督工作的意见》以"中共中央文件"的形式专门印发，开篇指出人民检察院是"国家监督体系的重要组成部分"，充分彰显了以习近平同志为核心的党中央对完善党和国家监督体系特别是检察机关法律监督工作的高度重视。[1] 以此为指引，2023 年 7 月大检察官研讨班进一步强调："法律监督是检察机关的立身之本。"[2] 2023 年 8 月，最高人民检察院印发《2023—2027 年检察改革工作规划》，紧紧扭住检察机关法律监督工作这个总抓手安排新一轮检察改革的总体目标。[3]

为进一步监督和支持山东省各级检察机关依法履行法律监督职责，山东省人民代表大会常务委员会于 2019 年审议通过

---

〔1〕 参见中共最高人民检察院党组：《加强新时代检察机关法律监督工作　更实担起党和人民赋予的更重责任》，载《人民日报》2021 年 9 月 2 日，第 6 版。

〔2〕 巩宸宇：《大检察官研讨班在国家检察官学院开班》，载最高人民检察院官网，https：//www.spp.gov.cn//dj/xwjj/202307/t20230719_622020.shtml。

〔3〕 参见《以加强检察机关法律监督工作为总抓手　以检察工作现代化服务保障中国式现代化——最高检法律政策研究室负责人解读〈2023—2027 年检察改革工作规划〉》，载最高人民检察院官网，https：//www.spp.gov.cn/xwfbh/wsfbt/202308/t20230807_624017.shtml#3。

《关于加强新时代检察机关法律监督工作的决议》，强调"刑事检察监督工作是宪法和法律赋予检察机关的一项重要职责"，要以规范监督行为、提升监督能力、增强监督质效为重点，不断提高法律监督工作的规范化、精细化和智能化水平。这为各级检察机关进一步增强法律监督工作实效指明了工作方向。[1]

在进一步增强法律监督工作质效的工作要求下，2019年青岛市人民检察院发布《关于对刑事诉讼监督事项背书制度的意见》，创新建立刑事诉讼监督事项背书制度，推动实现刑事检察监督"全面真实常态"。刑事诉讼监督背书制度主要包括以下几个方面：一是员额检察官在办理刑事案件过程中，对刑事立案、刑事撤案、漏捕、漏诉、刑事判决和裁定、侦查和审判违法行为实行法律监督；二是针对办案中发现的社会治理工作存在的问题向有关单位和部门提出改进工作、完善治理的检察建议；三是将相关监督信息在《刑事诉讼监督背书表》中进行登记，实现逐案逐项背书，并对刑事诉讼监督事项实行月抽查制度。

刑事诉讼监督背书制度对促进检察机关全面履行法律监督职责发挥了重要作用，进一步贯彻落实了"高质效办好每一个案件"的工作要求，促进了检察监督质效的全面提升。

二、探索创新刑事诉讼背书制度，提升检察监督质效

为全面落实青岛市人民检察院工作要求，更好更优履行检察监督职责，即墨区人民检察院根据青岛市人民检察院《关于对刑事诉讼监督事项背书制度的意见》，积极更新理念，顺势而为，结合办案实践，研制了《创新落实刑事诉讼监督背书制

---

〔1〕 参见《山东省人民代表大会常务委员会关于加强新时代检察机关法律监督工作的决议》，载山东人大网，http://www.sdrd.gov.cn/articles/ch00628/201909/0e0f42e1-b296-4004-af5d-d5e963bf24c9.shtml。

度实施细则》，分案件类别细化量化检察监督责任，从创新背书内容、背书核查方式、背书结果运用三个方面入手，全程跟进督导，强力推进落地落实，实现了办案效果的最优化和检察监督的精准化。即墨区人民检察院刑事诉讼监督背书制度成为青岛市模范，实现了监督效果和办案质量的双提升。

（一）创新完善背书表格内容，实现从"概括背书"到"精准背书"

即墨区人民检察院在检察监督实践中发现，影响监督效果的主要因素是部分干警对常见监督点不熟悉、不了解，发现监督点能力欠缺，而且之前推行的诉讼监督背书表格式统一，体现不出不同案件类别的特殊性，指引性、精准性不是很强。针对这一问题，即墨区人民检察院组织专题研讨，在充分论证的基础上，结合监督工作的现实需要，对诉讼监督背书表进行了相应的修改和完善。

一是细化《刑事诉讼监督背书表》内容。逐项梳理分析了盗窃、毒品、危险驾驶、交通肇事、人身伤害、污染环境、非法经营类、涉税类、知识产权类、未成年人等十大类罪名常见监督点，按照不同罪名制定对应的《××罪名刑事诉讼监督背书表》，详细列举出常见监督点，明确了统一的监督标准、监督规范，并配套相应流程图，使不同类别案件的监督内容、监督重点和监督流程一目了然，实现了从"概括背书"到"精准背书"的转变。例如，在盗窃案件监督立案项内明确注明"应重点审查赃物去向，查清是否存在掩饰、隐瞒犯罪所得等下游犯罪"等要求事项。即墨区人民检察院第一检察部的2名检察官在办理某盗窃案件过程中，按照监督背书要求，通过审查赃物去向，监督立案了陈某某以及万某某掩饰隐瞒犯罪所得案2起案件，办案效果实现了纵深递延。又如，对污染环境类案件，明确注明"应重点审查是否可追诉单位犯罪"监督事项，办案人通过对照相应的《刑事诉讼监督背书表》发现监督线索，对林某某等人、陈某某等人、张某某污染环境案等3起案件均追诉了单位犯罪，实现了单位犯罪监督案件的突破。工作中，即墨区人民检察院还对背书表内容进行动态调整，适时更新，发布执行。例如，即墨区人民检察院在抗诉栏内及时增加"重点审查是否存在错误认定指定居所监视居住并折抵刑期"，有2名检察官通过背书表提示，发现谭某某盗窃案和丁某某故意伤害案均存在上述情形，并及时对这2起案件提出抗诉。又如，在纠正违法项目内明确注明"重点审查是否存在办案情况说明无侦查人员签字、扣押物品未出具扣押决定书、辨认等笔录无见证人签名"等违法情形，通过这一背书，监督纠正此类违法多件。

二是创新建立刑事执行诉讼监督精准背书机制。即墨区人民检察院将刑事执行纳入监督背书范围，制定《刑事执行诉讼监督背书表》。2019—2021年间，即墨区人民检察院通过对照填写《刑事执行诉讼监督背书表》，共发现司法工作人员职务犯罪线索3件，发现违法线索15件，较好维护了司法活动的正常开展。例如，在办理某脱逃案件时，即墨区人民检察院同步审查是否存在渎职线索，成功对1人以司法工作人员涉嫌玩忽职守犯罪立案，起到了良好的监督效果，维护了司法的权威。

三是建立刑事诉讼监督背书和民事行政、公益诉讼监督背书衔接移送机制。即墨区人民检察院在重点抓好刑事诉讼监督事项背书制度的同时，注重监督工作衔接，将民事、行政、公益诉讼监督也纳入监督背书范围，制定《民事诉讼监督背书表》《行政诉讼监督背书表》和《公益诉讼监督背书表》，并制定了《刑检部门与民事行政、公益诉讼部门监督线索双移送规定》，使监督背书制度在"四大检察"层面并轨运行。例如，

2020 年初即墨区人民检察院审查刁某某案时发现，在对刁某某执行刑罚期间，有关机关并未停发其基本养老金，导致国有财产流失。于是，即墨区人民检察院及时将该类线索纳入《公益诉讼监督背书表》内容，并据此发现李某某、高某某等多个案件涉及的退休人员存在此类情况。鉴于此，即墨区人民检察院成立工作专班，全面梳理了 2013—2020 年的刑事案件 8000 余件，经调阅主管机关资料确定违规发放养老金 55 人，向即墨区主管机关制发检察建议，纠正该 55 人违规发放的养老保险待遇，追回 8 万余元。又如，即墨区人民检察院在办理青岛某建材公司民事申诉案过程中，发现王某某伪造 2 家公司印章参加诉讼，致使该公司账户被查封，50 余万元货款被冻结，涉嫌刑事犯罪。即墨区人民检察院在就民事部分向人民法院提出再审检察建议的同时，将涉案线索移交刑事检察部门，启动监督程序，监督公安机关刑事立案。即墨区人民法院对民事部分进行改判的同时，以王某某伪造公司印章罪判处其有期徒刑 6 个月，并处罚金 3000 元，实现了背书制度在民刑衔接方面的开花结果。

（二）创新优化背书核查方式，实现从"随机抽查"到"定向核查"

作为基层检察机关，即墨区人民检察院承办案件数量较多，容易产生案件背书情况核查压力较大、核查效果不佳而流于形式的问题。对此，即墨区人民检察院结合实践情况，对背书核查方式进行创新优化，确保在控制核查案件数量的同时，高效准确发现可能存在的问题。

一是开展重点罪名抽查。即墨区人民检察院对容易发现监督事项的案件进行全面核查，例如毒品、盗窃、非法经营等案件，实施每案必查。例如，在核查隋某某非法种植毒品原植物罪时，即墨区人民检察院发现部分群众法律意识不强，存在私自种罂粟苗的情况，遂安排办案人要求禁毒大队对辖区进行排查，最终发现多起类似情况，向涉案的 4 个街道办事处发送了检察建议，减少了种植罂粟等毒品原植物违法犯罪活动的发生，取得了良好社会效果。又如，在一起虚开增值税专用发票案件核查过程中，即墨区人民检察院追诉下游企业和其他犯罪嫌疑人 3 人。

二是开展重点人员抽查。即墨区人民检察院对监督事项数据排名后三位的办案人的全部案件进行重点抽查。

三是开展专业化核查。按照专业化办案组职责分工，区分罪名类别，组织业务骨干分别负责相应罪名案件，进行诉讼监督核查工作，提升核查专业化水平。例如，即墨区人民检察院在审查一起生产、销售不符合安全标准的食品罪案时，发现了应当监督撤案的情形，并及时将该情形列入背书内容。后检察人员对照背书表发现多起类似案件，于是即墨区人民检察院组成工作专班主动针对此情况开展类案监督撤案，取得良好法律监督效果。

（三）创新落实背书结果运用，实现从"要我背书"到"我要背书"

个别检察人员监督意愿不强，抱有"监督增加工作量，容易得罪人，只要办好案就行"等心态，这制约了监督工作的有效开展。为此，即墨区人民检察院不断强化核查结果运用，既加压力，也给动力，推动干警从"要我背书"到"我要背书"。

一是公开通报监督数据。即墨区人民检察院完善办案数据公开公示机制，每日在办公楼大厅屏幕滚动播放办案人刑事诉讼监督数据，每周在内网发布检察官监督考评指标数据，全年公开通报监督数据 24 起，为每名员额检察官"精准画像"，实现"人案合一"，体现员额检察官监督绩效，形成比学赶超的良好氛围，督促干警自觉落实背书制度。

二是强化案件质量评查。即墨区人民检察院将诉讼监督背书与案件质量评查结合，与案件质量评查挂钩，作为案件质量评查重点内容。并且，即墨区人民检察院坚持日常评查与专项评查相结合、部门自查与交叉评查相结合的常态化评查机制，建立"1＋N"案件评查模式，主要从证据收集、证据审查、事实认定、法律适用、诉讼程序、办案规范、办案效果等7个方面确定案件质量等级；对捕后不诉、无罪判决、撤回起诉等7类案件开展"一案一评查"；对每名检察官每月抽取一件案件进行评查，实现每名员额检察官的每件案件都存在被公开评查的可能，督促办案人在办理每个案件时严格落实背书制度。2022年，即墨区人民检察院共评查案件45件，对发现的问题即时反馈、及时整改，使办案质量得到明显提升。

三是强化奖励激励。即墨区人民检察院配套奖惩激励机制，对监督办案量质效进行量化考核，与绩效直接挂钩，提升监督能力和监督主动性积极性。即墨区人民检察院修订《青岛市即墨区人民检察院检察官业绩考评工作实施办法》，将监督事项背书纳入考核范围，建立与业务直接挂钩的考核机制，将考核分值与工作难度直接挂钩，以每审查逮捕、起诉一人计2分为基准，纠正违法每件奖励5分，监督立案、撤案、追捕、追诉、提出检察建议每件奖励10分，监督立案、追捕、追诉判3年以上有期徒刑的奖励15分，判处10年有期徒刑以上刑罚的奖励30分，提起公益诉讼或支持起诉得到支持的每件奖励40分，每成功抗诉一个案件最高可奖励100分，体现对诉讼监督工作的倾斜，充分发挥出绩效考核的导向作用，大大激发了办案检察官自愿自觉监督背书的积极性。

第四节　建立"四大检察"线索双向移送机制

一、"四大检察"线索双向移送机制的基本内涵

2018 年底，最高人民检察院坚持以人民为中心的思想，对内设机构进行系统性、重塑性、重构性改革，重组业务机构，形成刑事、民事、行政、公益诉讼"四大检察"并行格局。2019 年 1 月，国务院新闻办公室召开"最高检改革内设机构全面履行法律监督职能发布会"，检察机关将检察职能系统地划分为刑事检察、民事检察、行政检察、公益诉讼检察，自此，"四大检察"格局正式确立。[1] 2019 年 3 月，《第十三届全国人民代表大会第二次会议关于最高人民检察院工作报告的决议》将"四大检察"写入，要求检察机关"更好发挥人民检察院刑事、民事、行政、公益诉讼各项检察职能……"[2] 2021 年《中共中央关于加强新时代检察机关法律监督工作的意见》首次将"四大检察"写入中共中央文件，要求以高度的政治自觉依法履行刑事、民事、行政和公益诉讼等检察职能，实现各项检察工作全面协调充分发展。[3] 2023 年 7 月，大检察官研讨班强调："'四大检察'是新时代新征程检察机关法律监督的主体框架，也是检察工作进一步创新发展的基本格局，要

---

〔1〕　参见《最高检改革内设机构全面履行法律监督职能发布会图文实录》，载中华人民共和国国务院新闻办公室官网，http：//www.scio.gov.cn/XWfbh/xwbfbh/wqfbh/39595/39596/wz39598/Document/1644717/1644717.htm。

〔2〕　《第十三届全国人民代表大会第二次会议关于最高人民检察院工作报告的决议》，载中国政府网，https：//www.gov.cn/xinwen/2019-03/15/content_5374126.htm。

〔3〕　参见《中共中央关于加强新时代检察机关法律监督工作的意见》，载最高人民检察院官网，https：//www.spp.gov.cn/tt/202108/t20210802_525619.shtml。

努力推动全面协调充分发展。"[1]

有观点认为，"四大检察"全面充分发展的工作格局，是新时代检察机关法律监督实务创新发展的任务要求[2]。有观点表示，要想发挥"四大检察"的整体效应，就要实现"四大检察"内部的配合与促进，实现办案线索、办案经验的互联互通[3]。有观点强调，在司法实践中，"四大检察"互涉案件线索协调处理工作存在高质量线索数量少、办案人员线索意识不强、线索发现能力不足、缺乏稳定统一的线索移送渠道、线索发现和审查结果反馈刚性不足、积极性不高等问题[4]。为适应新时代检察职能调整、满足人民群众多元司法需求，2022 年 5 月最高人民检察院印发《人民检察院内部移送法律监督线索工作规定》，旨在进一步规范检察机关内设部门之间以及不同检察机关之间的线索移送，要求充分发挥案件管理部门统一汇集、移送线索的"中枢"作用，并要求各业务部门遵循认真负责、客观及时、应移快移的原则，畅通线索流转渠道。除线索移送外，各业务部门之间还应打破部门壁垒，在统一法律适用、政策把握和证据标准上下功夫，在配合调查取证、案件会商研判等方面汇聚合力，构建"四大检察"之间的"线索同步发现、双向移送、协同办理"模式，实现"四大检察"职能的一体化履行。在此基础上，检察机关应立足"四大检察"融合发展和检察一体发展，进一步释放各项检察职能的体系化和整

---

〔1〕 巩宸宇：《大检察官研讨班在国家检察官学院开班》，载最高人民检察院官网，https：//www. spp. gov. cn/spp/tt/202307/t20230719＿622012. shtml。

〔2〕 参见周新：《检察机关内设机构改革的逻辑与面向——权力属性视角下的实践分析》，载《当代法学》2023 年第 2 期。

〔3〕 参见刘志刚、平凡：《法律监督体系与监督能力现代化进程中的检察监督》，载《河北法学》2022 年第 11 期。

〔4〕 参见殷勇忠、李珂：《构建"四大检察"互涉案件线索协处机制》，载最高人民检察院官网，https：//www. spp. gov. cn/spp/llyj/202202/t20220216＿544669. shtml。

体性力量，探索构建"四大检察"线索双向移送机制。[1]

"四大检察"线索双向移送机制包含两个层面的要求：一是检察机关内部各部门之间相互移送线索的法律监督工作机制。即建立检察机关内部各部门之间的线索移送和协作机制，各部门在办案中发现其他部门的线索，应当及时移送。这要求四级检察机关、各个业务条线、院内各部门之间更加注重系统观念，增强一体化意识，加强内部协作配合、资源共享，推动民事、刑事、行政、公益诉讼检察职能融合发展，推进检察工作现代化。二是检察机关与外部机关加强联系，相互配合，依法依规对移送线索进行监督制约，对其他机关在履行职责中发现问题线索，应当按其性质及时移送至相应检察部门，确保线索得到及时、准确、公正的处理。

"四大检察"线索双向移送机制的建立有助于打破检察机关内部部门壁垒与单线监督机制，为推动检察工作高质量发展开辟了有效路径，对实现"四大检察"全面协调充分发展、推动新时代检察监督高质量发展具有重要意义。

二、建立内部线索移送和协作机制

为促进"四大检察"全面协调充分发展，推动检察机关能动履职，即墨区人民检察院探索建立刑事、民事、行政、公益诉讼案件线索"同步发现、双向移交、协同办理"机制。

（一）建立行政执法检察监督和涉嫌刑事犯罪案件线索双向移送机制

为加强民事行政检察部门与刑事检察监督部门的协调配合，规范案件线索内部管理，增强监督合力，更好地发挥检察

---

[1] 参见韩东成：《检察一体化内涵要义》，载最高人民检察院官网，https：//www.spp. gov.cn/spp/llyj/202207/t20220726_ 567575. shtml。

监督职能，即墨区人民检察院于 2020 年发布《行政执法检察监督和涉嫌刑事犯罪案件线索双向移送工作办法》，对民事行政检察部门与刑事检察部门工作中发现的案（事）件线索制定了移送工作规范，包括行政执法检察监督案件线索、普通刑事犯罪案件线索。

一是民事行政检察部门和刑事检察部门应当指定专人负责案件线索、处理结果的登记、管理、移送和反馈等工作，确保案件线索不遗漏、不泄密。二是民事行政检察部门在办理行政执法检察监督案件过程中，发现有关人员可能涉嫌诈骗、敲诈勒索等普通刑事犯罪行为的，报经分管检察长审核同意后，应移送刑事检察部门。三是刑事检察部门对民事行政检察部门移送的普通刑事犯罪案件线索应当接收，层报检察长决定，并将决定反馈至民事行政检察部门。在办案过程中发现行政机关及其工作人员不依法履行或者拖延履行法定职责等线索的，刑事检察部门应及时将案件线索移送民事行政检察部门办理。

（二）建立公益诉讼、刑事检察案件办理线索双移送机制

在公益诉讼领域，即墨区人民检察院善于借势发力，加强"两翼"联动，跑好公益诉讼检察工作的"高速路"。

即墨区人民检察院制定了《公益诉讼案件"一事双监督，一案双建议"实施办法》《公益诉讼、刑事检察案件办理线索双移送规定》等规范文件，推进"全程参与、一体化办案"机制，成立由刑事、民事和行政检察官组成的联合诉讼专业团队，打造刑事、民事、行政三位一体公益保护体系，形成了内部民行刑办案相互配合、良性循环、增强工作合力的良好局面。

即墨区人民检察院在办理的一起涉刑退休人员违规领取养老金案过程中，便充分发挥了公益诉讼、刑事案件办理线索双移送机制的作用。刑事检察部门在发现有关涉刑退休人员违规

领取养老金案的线索后，及时向公益诉讼检察部门移送相关线索。公益诉讼检察部门办案检察官在接收线索后，敏锐意识到即墨区主管机关可能未根据相关规定及时停发被判刑退休人员收监执行期间基本养老金，存在国有财产流失风险，立即依法开展基本养老保险领域公益诉讼专项监督。与此同时，即墨区人民检察院针对即墨区主管机关涉刑退休人员信息收集难的问题，勇于担当、主动牵头，会同即墨区公安局、人民法院、司法局、人力资源和社会保障局等部门联合出台《即墨区涉刑人员领取社会保险待遇联合处置工作机制》，建立信息共享、线索移送、联席会议等机制，有效弥补制度漏洞，实现了政治效果、法律效果和社会效果的有机统一。该案被评为山东省公益诉讼典型案例。

在张某某等人非法收购、出售珍贵、濒危野生动物案中，即墨区人民检察院民事行政和公益诉讼检察部门在收到刑事检察部门移送的相关线索后，一并提起刑事附带民事公益诉讼。最终，被告人不仅被追究刑事责任，还承担了公益损害赔偿8万余元。这有效弥补了刑事处罚手段在保护公共利益上的不足，最大限度地实现了对生态环境的全面综合司法保护。

三、强化外部联动，合力助推线索移送

为进一步发挥检察监督职能，增强"四大检察"线索双向移送机制质效，即墨区人民检察院不仅关注"四大检察"内在合力，还积极探索外部联动措施，不断强化与其他机关部门的协调配合，为"四大检察"线索双向移送机制提供了外部保障。一是就职务犯罪案件线索，确定了检察机关与同级纪委监委互相移送规范。民事行政检察部门在办理行政执法检察监督案件过程中，发现行政执法人员可能涉嫌贪污受贿、徇私舞弊、滥用职权、玩忽职守或其他严重侵犯公民、法人和其他组

织合法权益的行为的，报经检察长审核同意后，移送同级纪委监委，同时报送青岛市人民检察院。二是主动争取区委领导，从区委层面推动工作深入开展，同时积极争取即墨区人民代表大会常务委员会对线索双向移送机制的支持。在此背景下，即墨区人民代表大会常务委员会专题研究检察机关公益诉讼工作，出台《关于支持即墨区人民检察院提起公益诉讼工作的决议》。三是不断加强法检沟通配合。即墨区人民检察院建立公益诉讼案件会商机制，积极与人民法院共同加强证据规则、庭审程序、裁判执行等实务问题的研究，提升案件审判质效。四是切实抓好与行政机关良性互动。即墨区人民检察院与生态环境局、市场监督管理局、自然资源局等部门建立"5＋1"公益诉讼案件协作制度，即联席会议制度、信息共享及线索移送制度、专业咨询协助制度、诉前督促制度以及审判反馈机制，推动了难点问题的顺利解决。例如，即墨区生态环境部门在现场勘查、损害评估、修复验收等方面给予大力支持，协助青岛市人民检察院成功办理了即墨区人民检察院移交的青岛某公司污染环境案等多起公益诉讼案件。

在办理即墨区人民检察院督促主管机关依法履职案过程中，即墨区人民检察院灵活运用"四大检察"线索双向移送机制，取得了良好的办案效果。2022 年 2 月，青岛市人民检察院第二检察部在办理杨某、宫某、王某涉嫌重大责任事故一案中发现该案可能涉及公益诉讼，遂将线索移送至青岛市人民检察院第八检察部。青岛市人民检察院将该案线索移交即墨区人民检察院审查办理。经查，该事故所涉工程项目存在建设单位在未依法取得建筑工程施工许可证的情况下开工建设、施工单位违规将全部工程转包、劳务分包单位违规将部分施工分包给无资质个人等诸多违法情形，违反《建筑法》《建设工程质量管理条例》等相关规定，存在重大安全隐患，危害社会公共利益。接到青岛市人民检察院交办的线索后，即墨区人民检察院立即启动公益诉讼办案程序，制定相关法律文书。经梳理线索发现，民事案件领域进入诉讼程序的许多建设工程合同纠纷案件中，都存在未许可开工、转包、违法分包等多种违法情形，民事判决书中虽已予以认定，但是违法行为却未受到行政处罚。为消除安全隐患，解决共性问题，促进依法行政，即墨区人民检察院报经青岛市人民检察院审核把关后，于2022年2月向负有法定监管职责的主管机关发出行政公益诉讼诉前检察建议，并将梳理出的线索一并移交至该局。相关主管机关收到建议后高度重视，马上提出具体落实措施，对涉案参建单位存在的违法问题立即启动调查处理程序，对相关单位及责任人员依法依规进行了行政处罚或信用考核扣分处理。由此，即墨区人民检察院充分发挥了外部联动优势，实现了与行政机关的良性互动，获得了在办案中监督的综合效果。

此外，即墨区人民检察院立足助推行业治理，组织召开民事、行政、公益诉讼检察官联席会议，部署梳理了2018—2022年办理的民事检察监督案件67件、中国裁判文书网公开的建设工程施工合同纠纷类民事判决500余件，到即墨区人民法院调阅卷宗20件，共发现线索30条，做到由一案推及类案，推动了难点问题的顺利解决。同时，为畅通信息共享，完善社会治理，织牢建设工程领域安全网，即墨区人民检察院转变角度，积极延伸职能，充分发挥牵头作用，会同即墨区人民法院、住房和城乡建设局联合出台了《即墨区建设工程领域违法违规行为联合处置工作机制》，明确界定违法违规行为情形，建立信息共享、线索移送、联席会议等机制，严惩违法违规行为，共同防范建设工程领域安全风险，形成监督合力。

本案典型意义在于：一是安全生产领域作为新领域，已被依法纳入公益诉讼监督范围之中。即墨区人民检察院通过发挥公益诉讼检察职能，坚持双赢多赢共赢和精准监督的理念，督促相关行政机关依法规范严格执法，提高安全治理水平，严格落实安全生产责任，有助于防范化解重大安全风险，切实维护人民群众生命财产安全，维护国家利益和社会公共利益，助力营造经济社会发展良好安全环境。二是在办案中发现和促进解决深层次的社会治理问题，是承办检察官的职业担当，更是检察机关的社会责任。即墨区人民检察院以"检察办案＋类案分析＋信息共享"的形式，充分发挥检察一体化优势，强化类案分析，畅通信息共享，有利于为建设工程领域安全生产筑牢安全屏障，提供有力的司法保障。三是"四大检察"全面协调充分发展是推动新时代检察工作高质量发展的有效路径，[1] 也是2023 年 7 月大检察官研讨班强调的工作要求。即墨区人民检察院以刑事案件线索为先导，探索建立民事、行政、公益诉讼案件线索"同步发现、双向移交、协同办理"机制，定期召开跨业务会商会议，统筹办案力量，聚焦重点领域，打破部门壁垒及"单线"监督局面，组建专业化办案团队，有利于发挥联动效应，实现优势互补、同频共振，全面形成监督合力，统筹推进高质量发展。

第五节　完善认罪认罚案件控辩具结与量刑建议机制

一、认罪认罚从宽制度的基本内涵

"认罪认罚从宽制度是中国特色社会主义刑事司法制度的

―――――――――

〔1〕 参见王新建：《融合一体："四大检察"高质量发展有效路径》，载最高人民检察院官网，https：//www.spp.gov.cn/spp/llyj/202208/t20220822_ 573028.shtml。

重大创新，丰富了刑事司法与犯罪治理的'中国方案'。"[1]改革开放以来，我国刑事犯罪结构发生重大变化，重罪、重刑率持续下降，轻罪、轻刑率大幅上升。为适应新时代犯罪态势的变化，以习近平同志为核心的党中央审时度势，从 2014 年党的十八届四中全会部署"完善刑事诉讼中认罪认罚从宽制度"，[2] 到 2016 年检法共同开展认罪认罚从宽制度改革试点工作，[3] 再到 2018 年第十三届全国人民代表大会常务委员会第六次会议审议通过的刑事诉讼法修正案将"认罪认罚从宽"确立为刑事诉讼法的一项重要原则，以法律形式巩固司法改革成果。[4]

为正确实施刑事诉讼法的规定，精准适用认罪认罚从宽制度，2019 年 10 月最高人民检察院联合最高人民法院、公安部、国家安全部、司法部共同发布《关于适用认罪认罚从宽制度的指导意见》，对适用案件范围和条件、"认罪""认罚"的界定、从宽的把握、量刑建议的提出等作出具体规定。[5] 随后，2019 年 12 月，最高人民检察院印发的《人民检察院刑事诉讼规则》对检察机关落实认罪认罚从宽制度作了详细规定。[6]2020 年 5 月，最高人民检察院制定《人民检察院办理认罪认罚

〔1〕 《新时代检察履职解读"十问"》，载微信公众号"最高人民检察院"，2023 年 7 月 20 日。

〔2〕 《中共中央关于全面推进依法治国若干重大问题的决定》，载《人民日报》2014 年 10 月 29 日，第 1 版。

〔3〕 参见《全国人民代表大会常务委员会关于授权最高人民法院、最高人民检察院在部分地区开展刑事案件认罪认罚从宽制度试点工作的决定》，载中国人大网，http://www.npc.gov.cn/zgrdw/npc/xinwen/2016-09-03/content_1996742.htm。

〔4〕 参见《全国人民代表大会常务委员会关于修改〈中华人民共和国刑事诉讼法〉的决定》，载新华网，http://www.xinhuanet.com/politics/2018-10-26/c_1123620771.htm。

〔5〕 参见《关于适用认罪认罚从宽制度的指导意见》，载最高人民检察院官网，https://www.spp.gov.cn/spp/xwfbh/wsfbh/201910/t20191024_435829.shtml。

〔6〕 参见《人民检察院刑事诉讼规则》（高检发释字〔2019〕4 号），2019 年 12 月 30 日发布。

案件监督管理办法》，推动健全办理认罪认罚案件检察权运行监督机制。[1] 2021 年 12 月，最高人民检察院印发《人民检察院办理认罪认罚案件开展量刑建议工作的指导意见》，加强和规范了检察机关量刑建议工作，进一步深化认罪认罚从宽制度适用。[2] 2022 年 10 月，最高人民检察院联合最高人民法院、公安部、司法部出台《关于进一步深化刑事案件律师辩护全覆盖试点工作的意见》，充分发挥辩护律师、值班律师在认罪认罚案件中的实质作用，为准确适用认罪认罚从宽制度创造积极条件。[3] 2023 年 3 月，最高人民检察院会同司法部、全国律协共同制定并发布了《关于依法保障律师执业权利的十条意见》，强调检察机关办理认罪认罚案件应当认真听取辩护律师或值班律师的意见。[4] 2023 年 8 月，最高人民检察院印发《2023—2027 年检察改革工作规划》，提出"深化落实认罪认罚从宽制度"的工作任务，并提出了完善量刑建议工作机制、建立认罪认罚从宽沟通协调机制、推进审查起诉阶段律师辩护全覆盖等具体要求。[5]

有观点指出，认罪认罚从宽制度是建立在检察机关指控被追诉人有罪的基础上的一种制度延伸，其价值取向体现为四点：一是公正基础上的效率观；二是承载着现代司法宽容精神；三是探索形成非对抗的诉讼格局；四是实现司法资源的优

---

〔1〕 参见《人民检察院办理认罪认罚案件监督管理办法》，载最高人民检察院官网，https：//www.spp.gov.cn/spp/xwfbh/wsfbt/202005/t20200518_ 461168.shtml#2。

〔2〕 参见《人民检察院办理认罪认罚案件开展量刑建议工作的指导意见》，载最高人民检察院官网，https：//www.spp.gov.cn/spp/xwfbh/wsfbt/202112/t20211220_ 539038.shtml#2。

〔3〕 参见《关于进一步深化刑事案件律师辩护全覆盖试点工作的意见》，载最高人民检察院官网，https：//www.spp.gov.cn/spp/xwfbh/wsfbt/202210/t20221027_ 590863.shtml#2。

〔4〕 参见《关于依法保障律师执业权利的十条意见》，载最高人民检察院官网，https：//www.spp.gov.cn/spp/xwfbh/wsfbt/202303/t20230302_ 605005.shtml#2。

〔5〕 参见《2023—2027 年检察改革工作规划》，载最高人民检察院官网，https：//www.spp.gov.cn/xwfbh/wsfbt/202308/t20230807_ 624017.shtml#2。

化配置。[1] 有观点认为，认罪认罚从宽制度的首要目标是有效落实对被追诉人实体权利的供给，即给予被追诉人从宽处罚的优待。[2] 有观点表示，认罪认罚从宽制度对于贯彻宽严相济刑事政策，加强人权司法保障，优化司法资源配置等具有重要意义，是国家治理体系和治理能力现代化在刑事司法领域的体现。[3] 有学者表示，认罪认罚从宽制度的推行是为了提高打击犯罪的效能、节约司法资源而给公安司法机关提供的一个用以合法地促使犯罪嫌疑人、被告人予以合作的制度利器。[4] 有观点明确，认罪认罚案件中量刑建议制度的具体建构，应当保持量刑建议机制必要的开放性和量刑结果的可预测性，并且严守量刑公正的底线，减少不必要的量刑偏差。[5] 有观点指出，被追诉人获得有效法律帮助是认罪认罚从宽制度正当性的基础，法律帮助的有效与否直接影响被追诉人认罪认罚的自愿性、真实性、合法性和明智性，公安司法机关应当充分保障被追诉人获得有效法律帮助权。[6]

2019 年 11 月 14 日，山东省检察机关适用认罪认罚从宽制度推进会在即墨召开，即墨区人民检察院介绍了其办理认罪认罚从宽案件的工作经验，会后山东省人民检察院以正式文件转发"即墨经验"，要求各地学习借鉴。即墨区人民检察院作为青岛市检察机关办案"大户"之一，在前期试点改革基础上，紧紧抓住认罪认罚从宽制度入法的有利契机，聚焦重点精准施

---

〔1〕 参见陈卫东：《认罪认罚从宽制度研究》，载《中国法学》2016 年第 2 期。
〔2〕 参见左卫民：《认罪认罚何以从宽：误区与正解》，载《法学研究》2017 年第 3 期。
〔3〕 参见汪海燕：《认罪认罚从宽制度的确立及其完善》，载《人民论坛》2020 年第 24 期。
〔4〕 参见周长军：《认罪认罚从宽制度推行中的选择性不起诉》，载《政法论丛》2019 年第 5 期。
〔5〕 参见熊秋红：《认罪认罚从宽制度中的量刑建议》，载《中外法学》2020 年第 5 期。
〔6〕 参见韩旭：《认罪认罚从宽案件中有效法律帮助问题研究》，载《法学杂志》2021 年第 3 期。

策，聚焦问题精准发力，有效提升开展认罪认罚工作的主动性、统一性、效率性和准确性，有力推进适用认罪认罚从宽制度取得显著成效。[1]

二、强化思想理念，自觉适用认罪认罚从宽制度

为更好地推进司法实践中认罪认罚从宽制度的适用，即墨区人民检察院党组将认罪认罚从宽制度适用工作作为刑检工作"一号工程"，把提高思想自觉作为开展认罪认罚工作的首要任务，着力解决思想不统一、认识有误区等问题。

经过多次专题调研，即墨区人民检察院相关工作小组梳理出检察机关内部存在的嫌程序多不愿用、没赔偿谅解不能用、担心量刑不准不敢用等错误认识，及时提交院党组、检委会集体研究解决方案，配套建立起以"学"带、以"奖"促、以"查"推的引导体系：一是集中学，即墨区人民检察院通过开展集中学习领导讲话及解答、上级院业务骨干现场授课、刑检部门睿课堂等活动，加强检察人员的理论水平，强化检察人员对认罪认罚从宽制度的认识和理解；二是大胆奖，即墨区人民检察院制定《员额检察官认罪认罚绩效考核及奖惩机制》；三是细致查，即墨区人民检察院将认罪认罚从宽制度适用情况纳入案件质量日常评查机制，对于应当适用而不适用、漏填错填案卡等予以扣分并通报。即墨区人民检察院通过思想和机制内外发力，有效提升了干警对于认罪认罚从宽制度自觉适用、主动适用、应用尽用的积极性。

三、聚焦实体从宽，统一适用认罪认罚从宽制度

即墨区人民检察院以"捕诉一体"内设机构改革为契机，

---

[1] 参见即墨区人民检察院：《如何做到认罪认罚从宽工作实现"五个提升"？》，载微信公众号"山东省人民检察院"，2019 年 11 月 25 日。

将认罪认罚从宽制度贯穿刑事检察全过程，确保侦、捕、诉、判等各个环节适用认罪认罚从宽制度的一致性、统一性。

第一，坚持重大案件侦查阶段提前介入，以梯次从宽引导犯罪嫌疑人及早认罪。即墨区人民检察院联合即墨区人民法院出台《关于量刑建议制度规范化的实施意见》，采取梯次从宽量刑方法，设定10%—30%不等的基准刑从宽幅度，对在侦查阶段认罪态度好的，根据情节可直接建议公安机关不提请逮捕而直接取保候审，在量刑时可设定30%的从宽幅度。例如，在办理一起销售"假名牌"窝案过程中，承办检察官通过提前介入引导4名从犯主动认罪并积极缴纳违法所得，然后直接建议公安机关对4人取保候审，有效提高了诉讼效率，节约了司法资源。

第二，坚持将认罪认罚作为无社会危险性不捕和羁押必要性审查的重要判断依据。即墨区人民检察院创新建立"一二三检察部直通审查"模式，第三检察部可查看第一检察部和第二检察部的全部在办已捕案件，并直接开展羁押必要性审查工作。例如，即墨区人民检察院办理的一起多人寻衅滋事案，双方当事人同行竞因故生非导致一方5人轻微伤，其间批捕了6名犯罪嫌疑人，案件审查起诉中，承办检察官加大矛盾化解和认罪认罚工作力度，最终促成双方握手言和，对被羁押的6名犯罪嫌疑人全部改变强制措施，对其中1名在校生作出不起诉处理。

第三，坚持依法扩大认罪认罚案件微罪不起诉及适用缓刑案件范围，逐步扩大相对不起诉在认罪认罚案件中的适用。即墨区人民检察院2022年不起诉252人，不起诉率为16.4%；起诉1294人，认罪认罚从宽制度适用率提升至94.2%，上诉率约为1.2%。2023年即墨区人民检察院在办理李某某合同诈骗案中，充分发挥检察职能作用，向公安机关及被害人阐明法律规定，听取值班律师意见，注重发挥认罪认罚从宽制度优势，充分告知犯罪嫌疑人自愿认罪认罚的法律后果，积极退赃退赔可获得从宽处理，多次督促犯罪嫌疑人积极赔偿被害人损失，最终犯罪嫌疑人李某某主动赔偿涉案影楼和幼儿园的损失。鉴于李某某犯罪情节轻微，认罪认罚，真诚悔罪，积极赔偿被害人损失，检察机关以涉嫌合同诈骗罪犯罪情节轻微对李某某作出相对不起诉决定。

四、优化办案程序，高效适用认罪认罚从宽制度

针对认罪认罚从宽制度适用中存在办案量增加的问题，即墨区人民检察院积极推行专业化、集约化、简易化的"三化"机制，着力做好减少案件增量的工作，实现简案快办，提升办案效率。

第一，坚持繁简分流建立专业化办案团队。即墨区人民检察院成立涉黑恶、重大敏感涉检涉访等疑难复杂团队以及简易速裁办案团队等，实现简案快办、繁案精办，确保案件质量效率双提升。"简易速裁办案团队"由2名员额检察官各带1名助理、1名书记员，分别办理盗窃、危险驾驶案件。"涉检涉访办案团队"专啃"硬骨头"，针对涉访嫌疑人普遍不认罪的问题，总结出一套"从涉访事项入手、从涉访家属入手、从涉访案件入手"的办案工作方法，最大限度达到息访服判的效果，维护社会和谐稳定。

第二，对认罪认罚简易案件采用集约化办理。即墨区人民检察院会同即墨区人民法院、即墨区公安局签署集中办理机制，对占案件总量1/4的危险驾驶案件，由交警部门集中移诉，检察机关集中起诉，人民法院集中开庭，对于刑拘直诉的危险驾驶案件集中实行远程开庭，检法两家办案实现了去看守所从"一天跑几趟"到"几天跑一趟"的转变，极大地助推

了办案效率。

第三，对认罪认罚简易案件简化法律文书。即墨区人民检察院对于犯罪嫌疑人认罪认罚的简易案件，采取简化有关法律文书的做法。在权利告知书方面，即墨区人民检察院推行"一单式"权利告知文书，将《认罪认罚具结书》《提供法律帮助告知书》《适用认罪认罚从宽制度权利义务告知书》等相似文书合并，一次性告知犯罪嫌疑人。在审查报告方面，即墨区人民检察院推行"一表式"审查报告，对适用速裁程序或简易程序的案件，专门设计了表格菜单式审查报告。在起诉书方面，即墨区人民检察院推行格式化、"填充式"起诉书，文书制作效率提高两倍以上。

五、规范量刑庭审，精准适用认罪认罚从宽制度

即墨区人民检察院坚持在量刑建议体系、量刑建议机制、庭审标准规范"三个层面"狠下功夫，统一类案量刑尺度标准、统一检法精准量刑认识、统一庭审程序规范，提升检察机关适用认罪认罚从宽制度的精准性。

第一，打造互补交叉的量刑建议体系。即墨区人民检察院探索构建以确定刑量刑建议为主、以幅度刑量刑建议为辅、以附条件量刑建议为补的互补交叉量刑建议体系。具体而言，即墨区人民检察院对于认罪认罚适用速裁程序和简易程序案件，提出确定刑量刑建议；对于量刑情节复杂及不常见犯罪案件，提出幅度刑量刑建议；对于起诉后可能产生新量刑情节的案件，提出附条件量刑建议。例如，对审查起诉阶段暂未赔偿和解的，起诉书提出量刑建议在明确主刑的同时，附加表述"若被告人积极赔偿被害人损失取得被害人谅解，可适用缓刑"。这能够使量刑建议更加科学合理，同时敦促被告人积极赔偿，促进矛盾纠纷化解，修复社会关系。

第二，打造灵活精准的量刑配套机制。一是建立常见罪名诉前量刑协调机制。即墨区人民检察院与即墨区人民法院进行类案量刑协商，统一危险驾驶、盗窃、故意伤害等五类常见罪名的量刑标准尺度，使主刑确定刑量之有尺有据。二是建立罚金刑缴纳保障机制。即墨区人民检察院对基层检察机关适用附加刑绝大部分是罚金刑的状况，探索形成罚金刑量刑建议检察环节"三体现"：讯问犯罪嫌疑人时将其是否同意缴纳罚金情况记入笔录；对在押犯罪嫌疑人同时询问其家属并将是否同意代为缴纳记入卷宗；尝试在检察机关缴纳罚金保证金以作为罚金刑量刑依据。三是建立社会调查评估"双提前"机制。即墨区人民检察院对在侦查阶段认罪认罚并取保候审的犯罪嫌疑人，建议即墨区公安局在侦查阶段启动社会调查评估，使得督促刑罚执行的方式更精准。对于在审查起诉阶段认罪认罚并拟判处缓刑或管制的犯罪嫌疑人，即墨区人民检察院委托即墨区司法局进行社会调查评估，在确保检察建议精准和权威的同时，极大缩短了办案周期。

第三，打造标准规范的基层庭审模式。针对认罪认罚案件在庭审中简化尺度如何把握的问题，即墨区人民检察院根据"标准化＋"要求，制定了《认罪认罚庭审规范》，对速裁程序、简易程序、普通程序统一庭审模式，打造标准化的认罪认罚庭审"样本"。例如，对于适用速裁程序审理的案件，即墨区人民检察院建议即墨区人民法院采取集中开庭、逐案审理的庭审模式，指派公诉人集中出庭支持公诉；对于适用简易程序、普通程序审理的案件，即墨区人民检察院就法庭调查、法庭辩论中哪些程序可以简、哪些程序不能简，与即墨区人民法院达成共识并作出统一规定；对于在审查起诉阶段进行证据开示的案件，即墨区人民检察院在举证环节进行分组举证，对证据名称和证明内容进行说明，在充分保证被告人知情权和认罪认罚的真实性、自愿性的基础上，提高庭审效率，节约诉讼资源。

六、加强监督制约，准确适用认罪认罚从宽制度

即墨区人民检察院全面落实监督理念，统筹推进内部监督体系建设和外部监督措施跟进，保证检察权在阳光下运行，防范认罪认罚案件的廉政风险，切实提升检察机关的执法司法公信力。

第一，完善值班律师制度，切实保障当事人权利。即墨区人民检察院争取即墨区委政法委支持，通过发布正式文件的方式推动区域内律师事务所积极参与认罪认罚法律援助工作，指定区域内律师轮值方式，并首创对值班律师公示证据制度，增强援助律师在认罪认罚全过程的参与度、透明度。根据即墨区人民检察院与即墨区司法局会签的《值班律师工作办法》规定，司法局每日委派 2 名值班律师分别在检察院、看守所值班，实现了办案场所、办案时间全部在岗在值，确保及时为自愿认罪认罚的犯罪嫌疑人、被告人提供法律帮助，进而加强人权司法保障，促进司法公正。

第二，强化内部考核监督机制，确保认罪认罚从宽制度的适用率。即墨区人民检察院被山东省委政法委确定为"司法责任制配套改革内部监督工作创新点"，其多项内部监督工作机制被宣传推广，具体包括：一是完善绩效考核机制；二是健全评价审查机制，将认罪认罚案件作为案管部门每月必查案件；三是建立办案流程监控机制，指定专门流程监督员对当日办理的全部认罪认罚案件进行实时动态监督，发现问题及时通报办案人整改。

第三，自觉强化检务公开，主动接受各界监督。即墨区人民检察院将认罪认罚从宽工作置于"阳光"下，定期邀请人大

代表参加认罪认罚案件听庭评议、开展认罪认罚案件事后回访等活动。2022 年人大代表听庭评议案件 30 余件，开展事后回访 30 余件。同时，即墨区人民检察院加强案件信息公开，做到以公开促公正，主动接受社会各界监督，切实防止无辜者被迫认罪和损害当事人权益的行为发生。

第六节　深化监检衔接配合机制

一、深化监检衔接配合机制的基本内涵

党的二十大报告强调："只要存在腐败问题产生的土壤和条件，反腐败斗争就一刻不能停，必须永远吹冲锋号。"国家监察体制改革以来，监检衔接成为推进反腐败工作规范化、法治化，推动全面从严治党向纵深发展的重要内容，检察机关与监察机关之间如何建立程序严格、操作性强、衔接顺畅的办案程序和工作机制成为办理职务犯罪案件的关注重点。2018 年 3 月 20 日通过的《监察法》第 4 条第 2 款规定："监察机关办理职务违法和职务犯罪案件，应当与审判机关、检察机关、执法部门互相配合，互相制约。"这在立法层面强调监检衔接配合的重要性，为新形势下反腐败斗争提供坚强法治保障。2021 年 6 月，《中共中央关于加强新时代检察机关法律监督工作的意见》印发，提出要加强检察机关与监察机关办案衔接和配合制约，为深化监检衔接配合机制提供了制度遵循〔1〕

为适应党和国家反腐败斗争大局，推动职务犯罪案件办理工作高质量发展，最高人民检察院与中央纪委国家监委通过规

---

〔1〕　参见《中共中央关于加强新时代检察机关法律监督工作的意见》，载新华网，http://m.xinhuanet.com/2021－08/02/c_1127722859.htm。

范化制度建设，共同努力建立健全监检衔接机制。近年来，国家监察委员会与最高人民检察院先后会签了系列规范性文件，明确了提前介入的案件适用范围、时间节点以及介入后的反馈方式，并规范了异地起诉、审判的商请指定管辖案件办理的时限和程序等。2019 年 12 月，最高人民检察院修订《人民检察院刑事诉讼规则》，重申了检察机关派员提前介入监察机关调查职务犯罪案件的原则性规定，明确了监察机关留置措施与检察机关刑事强制措施的衔接等问题。2020 年 12 月，为进一步促进监察机关与司法机关、执法部门在办理职务犯罪案件中的相互配合、互相制约，健全权威高效、衔接顺畅的工作机制，国家监察委员会、最高人民法院、最高人民检察院、公安部联合制定《关于加强和完善监察执法与刑事司法衔接机制的意见（试行）》，实现监察执法与刑事司法衔接工作的规范化、法治化。2023 年 6 月，最高人民检察院党组提出："要牢记'两个永远在路上'，永远吹冲锋号，在加强检察机关党风廉政建设和反腐败斗争的同时，充分发挥职务犯罪检察职能作用，加强监检衔接，互相配合、互相制约，高质效办好职务犯罪案件。"[1] 2023 年 8 月，最高人民检察院印发《2023—2027 年检察改革工作规划》，要求"健全职务犯罪检察与监察机关配合制约工作机制，加强办理重大职务犯罪案件沟通协调工作"[2]。

深化监检衔接配合机制要求检察机关与监察机关之间加强协作配合，形成监督合力，促使调查程序和刑事诉讼程序顺利衔接，推进审查起诉与审判工作顺利进行，提高反腐败工作效

〔1〕 徐日丹：《擦亮重大职务犯罪案件办理团队品牌——从最高检抓好重大职务犯罪案件办理团队（基地）建设看如何保障高质效办案》，载《检察日报》2023 年 6 月 28 日，第 1 版。

〔2〕《2023—2027 年检察改革工作规划》，载最高人民检察院官网，https://www.spp.gov.cn/xwfbh/wsfbt/202308/t20230807_ 624017. shtml#2。

率，并为此加强信息共享机制、案件会商机制、联合监督机制等机制建设。近年来，监察机关、检察机关从制度建设与工作落实不同层面推进完善监检衔接机制，形成了配合有力、制约有效的关系，促进办案质效的持续提升。即墨区人民检察院在党的领导下建立健全监检衔接配合机制，同时自觉接受派驻监督，积极配合派驻纪检监察组开展各项监督活动，助力实现监督的全方位全覆盖，把监督工作做得更严更细更实。

二、牢记"三个务必"，坚定不移抓实从严治党

在认真学习领会党的二十大"全面从严治党永远在路上，党的自我革命永远在路上"的时代要求的前提下，即墨区人民检察院坚决扛牢从严治党主体责任，建立"一个规划统领、三张清单明责、九项机制保障"的党建工作格局和"机关党委＋支部＋党小组＋党员"四级联动抓党建工作机制，切实将党建责任延伸到司法办案的最前沿。同时，即墨区人民检察院巩固政法队伍教育整顿成效，严格执行防止干预司法"三个规定"，以零容忍态度查处违纪违法，用好监督执纪"四种形态"，打造"清检即美"廉洁文化品牌，引导全体检察干警坚守公正司法的底线。

三、提高政治站位，旗帜鲜明支持派驻监督

即墨区人民检察院充分认识派驻监督工作的重大意义和重要作用，认真学习、准确理解派驻监督工作的各项要求，做到院党组班子成员带头、全体检察干警都积极支持派驻监督工作，让干警习惯在监督中履职尽责。即墨区人民检察院召开的2023年度全面从严治党暨党风廉政建设和反腐败工作专题会议明确表示，要进一步健全党组主体责任、党组书记第一责任人责任、领导干部"一岗双责"、纪检监察监督责任"四责"协

同体系，凝聚强大工作合力。

四、完善规章制度，积极主动配合派驻监督

即墨区人民检察院不断完善邀请派驻人员参加（列席）重要会议、晋职晋级评先选优主动征求派驻人员意见等制度机制，积极配合派驻监督工作开展，持续规范检察权力健康运行，共同推动院党组全面从严治党主体责任与派驻组监督责任的贯通协同，同向发力、同频共振，提升监督全覆盖的有效性，一体推进"三不腐"。2022 年，即墨区人民检察院邀请派驻人员列席重大活动 12 次，征求意见 106 人（次）。

五、健全衔接机制，持之以恒加强监检配合

即墨区人民检察院会同即墨区纪委监委建立配合、联络、衔接机制，不断加强与监察机关的外部沟通与衔接配合。例如，2022 年即墨区人民检察院办理粮食购销领域职务犯罪时，在提前介入阶段，监检双方对黄某某的行为构成挪用公款罪意见一致，但对如何认定犯罪数额存在争议，于是监检双方通过审查案卷、研究讨论、召开联席会议等方式，对案件事实及法律适用问题充分沟通，统一思想认识和认定标准，充分发挥提前介入的精准性和实效性，把问题解决在案件移送起诉前，为检察机关依法从宽从严办理案件提供坚实基础，确保惩治粮食领域腐败力度。在调查阶段，黄某某和王某某均被留置，检察机关受案后审查认为，黄某某系主犯且认罪态度反复，为保障诉讼顺利进行，依法决定对黄某某采取逮捕措施；而王某某在共同贪污犯罪中系从犯，且如实供述犯罪事实，表示自愿认罪认罚，对其采取取保候审措施足以防止逃跑、串供等社会危险性发生，经征求监察机关意见，即墨区人民检察院对王某某作出取保候审决定，最大限度减少社会对立面，实现"三个效

果"的有机统一。

第七节　创新涉案企业合规改革试点工作

一、涉案企业合规改革的基本内涵

习近平总书记在多次讲话中强调，要依法平等保护国有、民营、外资等各种所有制企业产权和自主经营权，完善各类市场主体公平竞争的法治环境。[1] 党的二十大报告明确提出："优化民营企业发展环境，依法保护民营企业产权和企业家权益，促进民营经济发展壮大。"2023 年 7 月，《中共中央　国务院关于促进民营经济发展壮大的意见》要求："深化涉案企业合规改革，推动民营企业合规守法经营。"近年来，企业及企业家涉嫌刑事犯罪的案件数量、频率均呈现增长趋势，推进涉案企业合规改革是适应当前经济形势的必然要求，同时是"保企业、稳就业"的政治要求，对于激励企业家精神、规范企业经营、促进行业发展、增加就业机会都具有重要意义。

最高人民检察院以习近平法治思想为指引，做实对各类市场主体的平等保护，主动营造法治化规范化营商环境，扎实推进涉案企业合规改革。有观点认为，改革试点从夯基垒台、立柱架梁到全面推开、积厚成势，可以概括为两个阶段、四个环节。[2] 第一阶段为局部试点阶段，即 2020 年 3 月，最高人民检察院在 4 个省（直辖市）的 6 家基层检察院部署第一期涉案企业合规改革试点；2021 年 3 月，在北京、辽宁、上海等 10

〔1〕　参见习近平：《在企业家座谈会上的讲话》，载新华网，http://www.xinhuanet.com/politics/leaders/2020－07－21/c_1126267575.htm? tdsourcetag = s_ pctim_ aiomsg。

〔2〕　参见高景峰：《涉案企业合规司法制度建设的阶段性梳理与考察》，载《民主与法制周刊》2023 年第 24 期。

个省（直辖市）开展第二期改革试点工作，试点范围扩大到62个市级检察院、387个基层检察院。第二阶段为全面试点阶段，即2022年4月，最高人民检察院在总结前期试点经验的基础上，部署在全国范围内全面推开改革试点工作，涉案企业合规改革进入新阶段。在持续推进涉案企业合规改革过程中，最高人民检察院以论证、试点、出台规范和发布典型案例的方式，保证涉案企业合规改革试点工作有序进行。例如，最高人民检察院、全国工商联等部门联合制发了《关于建立涉案企业合规第三方监督评估机制的指导意见（试行）》及其实施细则、《涉案企业合规第三方监督评估机制专业人员选任管理办法（试行）》、《涉案企业合规建设、评估和审查办法（试行）》等文件。地方检察机关联合相关部门也出台了一系列配套规范性文件，为涉案企业合规改革依法推进、行稳致远奠定了基础。2023年6月，最高人民检察院、最高人民法院召开会议，提出共同推进涉案企业合规改革的工作目标。2023年7月，最高人民检察院发布了《关于依法惩治和预防民营企业内部人员侵害民营企业合法权益犯罪、为民营经济发展营造良好法治环境的意见》，要求各级检察机关高质效履行检察职责，依法惩治影响民营企业健康发展的民营企业内部人员犯罪，引导促进民营企业自主加强合规建设，增强从业人员的法治意识、廉洁意识、底线意识。[1] 2023年8月，最高人民检察院印发《2023—2027年检察改革工作规划》，提出要"深化涉案企业合规改革，推动建立中国特色涉案企业合规司法制度"[2]。

---

〔1〕 参见《关于依法惩治和预防民营企业内部人员侵害民营企业合法权益犯罪、为民营经济发展营造良好法治环境的意见》，载最高人民检察院官网，https：//www.spp.gov.cn/xwfbh/wsfbt/202307/t20230731_623343.shtml#1。

〔2〕 《2023—2027年检察改革工作规划》，载最高人民检察院官网，https：//www.spp.gov.cn/xwfbh/wsfbt/202308/t20230807_624017.shtml#2。

作为立足当前发展大局，充分发挥检察职能优势，积极融入社会治理，服务经济社会高质量发展的一项重要制度创新，开展涉案企业合规改革试点工作要求"检察机关对于办理的涉企刑事案件，在依法作出不批准逮捕、不起诉决定或者根据认罪认罚从宽制度提出轻缓量刑建议等的同时，针对企业涉嫌具体犯罪，结合办案实际，督促涉案企业作出合规承诺并积极整改落实，促进企业合规守法经营，减少和预防企业犯罪，实现司法办案政治效果、法律效果、社会效果的有机统一"[1]。检察机关在改革试点过程中创设了丰富的涉案企业合规工作机制，包括涉案企业背景调查机制、合规必要性审查机制、类型化整改评估机制、反向衔接机制、监督制约机制等，切实提升了涉案企业合规案件的办理质效。有观点指出，涉案企业合规具有三层含义：一是积极层面的含义，指企业在经营过程中要遵守法律和规则，并督促员工、第三方以及其他商业伙伴依法依规开展经营活动；二是消极层面的含义，指涉案企业为避免或减轻因违法违规经营而可能受到的行政责任、刑事责任，而采取的一种公司治理方式；三是从外部激励机制来看，为鼓励企业积极建立或改进合规计划，法律需将涉案企业合规作为行政或刑事宽大处理的重要依据。[2] 有观点认为，未来应统筹推动公、检、法、司等多机关全面配合协作、共同激励企业合规，使合规整改成为贯穿刑事诉讼全过程的法定从宽事由，以全面去除涉案企业治理结构中的犯罪诱因，这既是"以审判为中心"的诉讼制度改革的必然要求，也是企业犯罪治理从"以惩罚为中心"走向"以矫正为中心"的内在要求。[3] 有观点

---

〔1〕　徐日丹：《最高检下发工作方案　依法有序推进企业合规改革试点纵深发展》，载《检察日报》2021年4月9日，第1版。

〔2〕　参见陈瑞华：《论企业合规的性质》，载《浙江工商大学学报》2021年第1期。

〔3〕　参见李奋飞：《论涉案企业合规的全流程从宽》，载《中国法学》2023年第4期。

表示，应当从企业规模、企业领域、发展阶段等多种因素考虑企业有效刑事合规的基本标准。[1] 有观点主张，推进涉案企业合规改革，应当以刑事诉讼法确立的认罪认罚从宽制度机制为依托，突出检察机关承担的主导责任。[2]

在涉案企业合规改革不断深化的背景下，各地检察机关大胆探索实践，办理了一大批涉案企业合规案件，在依法保护民营企业、推进社会治理等方面取得明显成效，实现了"双赢多赢共赢"的预期改革目标。即墨区人民检察院抓住涉案企业合规改革试点契机，在法律规定的框架内积极探索、主动创新，切实让改革工作稳步推进、走向成熟，为即墨区法治化营商环境建设贡献了检察智慧和力量。

二、加强组织领导和学习培训，严格推进涉案企业合规改革

2022 年 3 月，即墨区人民检察院根据最高人民检察院《关于开展企业合规改革试点工作方案》以及山东省人民检察院、青岛市人民检察院工作部署，结合即墨区检察工作实际，研究制定了《关于开展企业合规工作方案》，成立以检察长任组长、3 名院领导任副组长的涉案企业合规工作领导小组，抽调业务骨干力量组成专班，并将涉案企业合规工作纳入重点项目，从政治高度统筹谋划、严格推进。同时，通过组织党组理论中心组集中研学、专家讲座、案例研讨等方式深入学习最高人民检察院、山东省人民检察院和青岛市人民检察院发布的涉案企业合规改革工作文件、简报信息和典型案例，确保领导班子、中层干部、一线干警深刻领会涉案企业合规改革的精神实质，准

---

[1] 参见李玉华：《有效刑事合规的基本标准》，载《中国刑事法杂志》2021 年第 1 期。
[2] 参见赵恒：《涉罪企业认罪认罚从宽制度研究》，载《法学》2020 年第 4 期。

确把握开展涉案企业合规工作的目标任务，以高标准推进涉案企业合规改革各项工作的贯彻落实。

"涉案企业合规不限于检察环节、检察工作，不停留在审查起诉环节。"[1] 即墨区人民检察院主动加强与司法、执法、行政机关及有关行业单位的沟通联系、协作配合，深入走访调研、争取理解支持，最大限度凝聚共识、形成合力，共同推进涉案企业合规工作有序稳妥开展。在试点工作过程中，即墨区人民检察院严格把好案件入口关，切实对有实际生产经营业务、有合规意愿、有整改能力的企业进行合规整改。并且，即墨区人民检察院始终坚守"严格依法"这条红线，对政策把握、法律适用等重大问题，及时向上级院请示汇报，在改革过程中坚持注重整改效果。

三、坚持治罪与治理并重，积极探索以个案合规推动行业合规

即墨区人民检察院根据即墨区合规案件主要集中在经济犯罪领域的实际情况，在以企业涉税案件作为办案重点的基础上，努力在安全生产、金融犯罪、环境保护、食品药品安全、知识产权保护等领域拓展办案规模。同时，立足监督办案，依法能动履职，依托"上下一体、横向协作"的办案机制，坚持"小切口、大文章"的工作思路，在强化个案监督的基础上加强类案监督，切实找准案件背后反映的行业监管漏洞和社会治理问题，加强与行政主管部门沟通，通过制发检察建议等方式，促进防范相关案件反复发生。通过涉案企业的合规整改推动整个行业、领域的合规改革，努力实现"办理一个案件、扶

---

〔1〕《新时代检察履职解读"十问"》，载微信公众号"最高人民检察院"，2023 年 7 月 20 日。

助一批企业、规范一个行业"的效果，促进协同治理、系统治理、诉源治理，更好地服务保障经济社会高质量发展。

即墨区人民检察院在办理涉企案件过程中，发现虚开增值税专用发票案件系高发案件类型，许多企业及其法定代表人、实际经营者、负责人和财务人员都因此触犯刑法而被判处刑罚，为此联合即墨区税务局开展税务合规专题辅导工作，以涉税刑事犯罪预防为切入点，通过"线上 + 线下"方式，集中为辖区 90 家制造业企业开展税务行业合规辅导，结合虚开发票案件讲解涉税领域企业合规风险点，引导企业守法合规经营、防范涉税风险，促进市场主体健康发展，共同营造法治化营商环境，服务保障经济社会高质量发展。[1] 2022 年，即墨区人民检察院在办理一起销售假冒注册商标的童装刑事案件时，针对办案过程中发现的童装经营问题，结合即墨区系全国三大童装产业基地之一的实际情况，以知识产权领域刑事附带民事公益诉讼案件为依托，联合市场监督管理部门、商贸城等开展童装行业合规工作，针对民营企业开展知识产权保护方面的专题宣讲，着力强化即墨区童装行业从业人员的法律意识，倡导规范童装行业依法合规经营。[2]

四、建立第三方监督评估机制，提高办案科学性与专业化水平

涉案企业合规第三方监督评估机制是运用法律手段服务保障民营经济健康发展的重要举措，对打造一流法治营商环境、服务保障经济社会高质量发展具有重要意义。为全面贯彻习近平

---

[1] 参见即墨区检察院：《强基础提能力优环境促发展 检税联合开展税务合规专题辅导，一起来听课吧！》，载微信公众号"即墨区人民检察院"，2023 年 4 月 24 日。
[2] 参见即墨区检察院：《"小案件"撬动"大治理"多方共谈未成年人权益保护》，载微信公众号"即墨区人民检察院"，2023 年 3 月 20 日。

法治思想，认真贯彻落实关于第三方监督评估机制的相关政策精神，即墨区人民检察院会同即墨区工商联等19家单位会签《关于建立涉案企业合规第三方监督评估机制的意见（试行）》，并在即墨区委的领导下共建第三方监督评估机制管理委员会。为更好地落实第三方监督评估机制，凝聚司法、执法、行业监管合力，第三方机制管委会负责建立约60人的专业人员名录库，由各成员单位提供相关领域专业人员，科学配置人员比例，以适应办理不同类型合规案件需要，从而健全第三方机制框架体系，解决"谁来监督评估"的问题。

在办理涉企案件过程中，即墨区人民检察院综合考虑案件性质和涉案企业类型、经营范围等因素，组织第三方深入了解企业涉案情况，研判在合规领域存在的薄弱环节，并重点对涉案企业合规计划的可行性、有效性与全面性进行审查。对符合适用企业合规制度的涉案企业，交由第三方对其合规承诺进行抽查、评估、监督和考察，考察结果作为依法不捕、不诉或提出轻缓刑量刑建议的重要参考。同时联合即墨区司法局开辟社区矫正涉案企业负责人"绿色通道"，保障其跨区域正常经营活动，尽最大努力让涉案企业在法治轨道内"站得住""走得稳"。即墨区人民检察院紧盯涉案企业合规改革中的堵点难点，及时与成员单位会商、共同研究提出解决问题、改进工作、完善机制的对策建议，确保对企业实现"真监督""真评估""真整改""真发展"，帮助企业增强自身"免疫力"，进一步释放惠企司法红利。

即墨区人民检察院在2022年办理李某某诈骗案时，适用涉案企业合规第三方监督评估机制取得显著成效。犯罪嫌疑人李某某作为青岛某汽车保修公司的法定代表人及实际经营人，于2016年至2017年，在明知汽车保修公司达不到高新技术企业申报条件的情况下，由陶某某具体实施伪造审计报告、产学研合作协议等申报高新技术企业的必备材料，李某某提供其他材料予以配合，二人合作共同为汽车保修公司申报并获得高新技术企业补贴 30 万元。被告人的"骗补"行为不仅骗取了国家资金，违背了国家设立高新技术企业补贴的初衷，同时也破坏了社会诚信体系，依法应予以严惩。鉴于涉案企业和个人自愿认罪认罚，全部退缴违法所得，且通过对涉案企业进行实地走访，企业能够正常生产经营，自愿承诺建立企业合规制度并同意适用第三方监督评估机制，根据山东省人民检察院《关于涉案企业合规案件办理的工作规定》，即墨区人民检察院认为该汽车保修公司符合启动涉案企业合规的条件，于 2022 年 9 月 30 日经山东省人民检察院批准，依法决定对该汽车保修公司启动企业合规。在合规整改期间，即墨区人民检察院先后多次到涉案企业进行走访并组织第三方召开会议讨论企业整改情况，对企业适时、适当提出整改建议，监督企业高质量完成合规整改，最终根据企业整改情况，认为涉案企业全面、有效完成了合规整改，并形成长效合规管理机制，企业经营状况大为改观，2023 年第一季度销售额同比增长达 30%，给企业带来实实在在的效益。

该案中，即墨区人民检察院根据具体情况，依法决定启动企业合规，督促企业制定计划、完善内控机制、开展合规建设及整改，促使企业改变了固有的经营方式。同时，即墨区人民检察院与第三方评估组织一道对企业合规情况进行考察和评估，帮助企业消除经营管理风险，加强自身"免疫力"，消除犯罪基因，促进了企业良性发展和守法经营，为企业健康发展提供了护航保障。

第八节　推进诉源治理机制

一、诉源治理机制的基本内涵

以习近平同志为核心的党中央高度重视从源头上解决矛盾纠纷、推进基层治理体系和治理能力现代化。[1] 党的十八届四中全会通过的《中共中央关于全面推进依法治国若干重大问题的决定》指出："坚持系统治理、依法治理、源头治理，提高社会治理法治化水平。"[2] 2020 年 11 月，习近平总书记在中央全面依法治国工作会议上强调："要推动更多法治力量向引导和疏导端用力，完善预防性法律制度，坚持和发展新时代'枫桥经验'，完善社会矛盾纠纷多元预防调处化解综合机制。"[3] 党的二十大报告提出："在社会基层坚持和发展新时代'枫桥经验'，完善正确处理新形势下人民内部矛盾机制"，"及时把矛盾纠纷化解在基层、化解在萌芽状态"。"枫桥经验"充分彰显了"以和为贵"的中华传统文化，注重在及时解决当前矛盾纠纷的同时，修复因矛盾纠纷受损的社会关系，努力避免类似矛盾纠纷的再发生，而新时代"枫桥经验"的重要特征是实现矛盾纠纷的全息化解。[4]

---

〔1〕 参见段连才：《"五位一体"推进诉源治理"更入佳境"》，载《检察日报》2023 年 6 月 17 日，第 3 版。

〔2〕《中共中央关于全面推进依法治国若干重大问题的决定》，载《人民日报》2014 年 10 月 29 日，第 1 版。

〔3〕 习近平：《坚定不移走中国特色社会主义法治道路　为全面建设社会主义现代化国家提供有力法治保障》，载人民网，http://politics.people.com.cn/n1/2021/0228/c1024 − 32038650.html。

〔4〕 参见胡铭：《践行新时代"枫桥经验"　提升检察工作质效》，载《检察日报》2023 年 6 月 20 日，第 3 版。

2019 年 2 月，最高人民法院在总结四川、湖北、上海等地经验的基础上发布《关于深化人民法院司法体制综合配套改革的意见——人民法院第五个五年改革纲要（2019—2023）》，由此提出了"诉源治理"的概念及相应改革任务。2021 年 2 月，中央全面深化改革委员会第十八次会议审议通过《关于加强诉源治理推动矛盾纠纷源头化解的意见》，将"诉源治理"正式上升为国家社会治理领域的重要制度安排，并从矛盾纠纷源头预防、前端化解、关口把控三个维度对诉源治理作出顶层设计部署。[1] 2023 年 1 月，中央政法工作会议强调："构建调解、信访、仲裁、行政裁决、行政复议、诉讼等多种方式有机衔接的工作体系，及时把矛盾纠纷化解在基层、化解在萌芽状态。善于运用司法建议、检察建议等方式，推动深化源头治理。"[2] 2023 年 8 月，最高人民检察院印发《2023—2027 年检察改革工作规划》，其提出的主要任务之一即"深化检察环节诉源治理改革"，要求坚持和发展新时代"枫桥经验"，推动从源头上减少诉讼。[3]

司法是各种纠纷化解的最后一道防线，但不能成为解决纠纷、化解矛盾的唯一途径。诉源治理要求把非诉讼纠纷解决机制提到前面，对简单的矛盾纠纷争取在基层、在源头合力解决，尽量避免纠纷发展至"诉"之层级，以达到从源头上减少诉讼增量的目标。以矛盾纠纷前端预防化解、综合治理为特点的诉源治理，是司法体制改革和国家基层治理现代化的重要内容，对于缓解案件激增、破解案多人少的现实困境、促进社会

---

〔1〕 参见王聪：《诉源治理的现实困境与完善路径》，载《人民法院报》2022 年 9 月 29 日，第 5 版。

〔2〕 蔡长春、鲍静：《全力履行职责使命 重点抓好七方面工作》，载《法治日报》2023 年 1 月 10 日，第 1 版。

〔3〕《2023—2027 年检察改革工作规划》，载最高人民检察院官网，https：//www. spp. gov. cn/xwfbh/wsfbt/202308/t20230807_624017. shtml#2。

和谐、推进依法治国具有重要意义。在法律监督工作特别是刑事检察工作中推进诉源治理，不仅是检察机关履行法定职责的应有之义，更是提升人民群众司法获得感的现实需求。

从诉源治理的时代要求出发，检察机关办案既要抓末端、治已病，更要抓前端、治未病。2022 年《最高人民检察院工作报告》指出，实现诉源治理的主要举措包括以检察建议推动源头治理、推动认罪认罚从宽制度、更加夯实公益诉讼制度等。[1] 诉源治理作为当下能动检察的突出实践，同能动检察之间存在密切联系。为顺应形势变化和人民司法需求，即墨区人民检察院贯彻能动检察理念，依托四级办案专业化优势，积极开展矛盾化解，深化诉源治理，提升人民群众获得感，厚植党的执政根基。

二、深度开展类案分析，促进源头治理

诉源治理的关键点就是要发掘问题的源头，从本源入手来防止具体情况的发生。这体现出检察系统在既治已病又治未病方面的作用和效果。即墨区人民检察院结合专业办案，用心精准研析类案产生背后的原因，形成类案调研报告，并向涉案单位提出整改意见和建议，促进源头治理，从深层次预防和减少犯罪，实现治罪与治理并重。

例如，在办理杨某某等人涉非法狩猎罪案以及高某某等人涉开设赌场罪案时，即墨区人民检察院发现杨某某等人均为偏远乡镇农民，高某某等人均为小旅馆、小商店等经营人，该类犯罪嫌疑人涉案原因主要是法律意识淡薄。因此，在依法对犯罪嫌疑人作出不起诉的同时，即墨区人民检察院组织办案人员

---

〔1〕　参见张军：《最高人民检察院工作报告》，载《人民日报》2022 年 3 月 16 日，第 2 版。

深入发案村庄、社区进行走访调查，并形成类案调研分析报告，以此为基础向即墨区委发送整改意见和建议，同时面向群众开展以案释法和专项宣传，提升辖区群众法治意识，避免辖区内类似案件再次发生。又如，即墨区人民检察院在办理郜某某破坏交通设施案时，举行公开听证会，向与会人员充分阐明盗窃窨井盖案件的社会危害性，以起到警示教育作用，预防和减少此类犯罪。

三、用好用活检察建议，加强协同治理

为加强和规范检察建议工作，充分发挥检察建议的作用，最高人民检察院于 2018 年 12 月制定了《人民检察院检察建议工作规定》，明确应当立足检察职能，结合司法办案工作，依法提出检察建议。[1] 为适应诉源治理的新时代社会治理要求，《人民检察院检察建议工作规定》专门将"社会治理检察建议"规定为一种独立的检察建议类型，并列举了可适用的五种法定情形。由此，通过检察建议参与诉源治理，逐渐成为我国检察机关的一项常态化业务。检察建议的设计初衷是以检察履责"我管"促职能部门"都管"，体现了治罪与治理并重的司法理念，在促进源头治理方面具有独特的优势作用。检察机关在办案过程中要用好用活检察建议，深入挖掘执法司法个案中的共性问题，通过制发检察建议推动建章立制、综合治理，防范相关案件反复发生。

充分发挥检察建议的诉源治理作用，重在监督质量，要在类案监督，成在紧盯落实。[2] 即墨区人民检察院持续深化依法

---

〔1〕 参见《人民检察院检察建议工作规定》，载最高人民检察院官网，https://www.spp.gov.cn/spp/zdgz/201902/t20190226_409297.shtml。

〔2〕 参见《做优做实检察建议，助力"抓前端、治未病"》，载《检察日报》2023 年 8月 7 日，第 1 版。

能动履职，在做优做实检察建议方面取得了显著成效。2022年，即墨区人民检察院在办理涉粮犯罪案件过程中，针对梳理分析发现的社会治理风险点和监督管理漏洞，向即墨区发展和改革局规范精准制发检察建议，并跟进督促检察建议落到实处，推动粮食主管部门和粮食企业完善制度、堵塞漏洞、消除隐患，为保障粮食安全和维护民生民利作出了检察机关的独特贡献。在检察建议发出前，即墨区人民检察院主动与被建议单位的有关领导、部门负责人沟通，充分听取其意见并共同研究整改措施，确保检察建议指出的问题准确、提出的建议可行，提升检察建议的质量并为其后期落实和监管奠定了基础。在检察建议发出后，即墨区人民检察院及时跟进了解和收集反馈情况，增强检察建议的约束力，对被建议单位形成有效制约，实现监管长效化，使检察建议真正发挥出刚性监督作用。

四、落实司法救助制度，保障治理成效

司法救助是诉源治理与多元化矛盾纠纷化解机制的重要抓手，对于经初步筛查符合国家司法救助范围的案件，为了确保司法救助能及时精准，基层检察机关要积极进行多方沟通协调，让救助工作落到实处。即墨区人民检察院以"数字检察"工作为契机，推出"国家司法救助在即"掌上办系统，是及时帮扶因案致困群众、化解矛盾纠纷、推进诉源治理的重要举措，保证申请、立案、审查、发放全环节在1周内完成，大大提高了司法救助案件办理效率，让申请人感受到了检察速度。

同时，为确保司法救助案件质效，即墨区人民检察院持续做好三项基本工作：一是开展公开听证，对于符合救助条件的案件开展网上听证、上门听证、简易听证等，接受外部监督，确保检察权在阳光下运行；二是联合共同发力，积极与民政、妇联等单位以及社会公益组织对接，建立深层次的联合救助机

制，形成司法救助合力；三是持续跟进回访，对被救助人进行跟踪回访，了解其救助需求，巩固救助效果，让申请人时刻感受到检察温度。

即墨区人民检察院办理范某某等人销售有害食品刑事附带民事公益诉讼案时，在推进诉源治理机制适用方面的效果显著。2014 年至 2019 年 10 月，犯罪嫌疑人范某某在其销售上线未提供合法来历凭证的情况下，通过批发、零售的方式在即墨区向不特定人群销售"勃龙伟哥"等多种男性保健食品。2018年，王某甲在明知范某某没有保健食品销售资质的情况下，仍从范某某处购进"勃龙伟哥"保健食品，并伙同王某乙在其经营的成人用品店内对外销售。经鉴定，"勃龙伟哥"等多种保健品内均含有国家禁止使用的西地那非成分，对不特定消费者的生命健康安全存在公益损害风险。即墨区人民检察院在组织召开案件研究会和公开听证会后，向即墨区人民法院提起公诉，并同步提起刑事附带民事公益诉讼，综合考虑违法行为人的过错程度、持续时间、获利情况和财产状况等因素，分别对3 人主张不同范围产品价款 10 倍的惩罚性赔偿金，即墨区人民法院判决支持检察机关提出的全部诉讼请求。

案件办结后，即墨区人民检察院组织召开反馈会，会中有人民监督员提出王某甲存在超出核准登记的经营范围从事经营活动的违法情形，建议检察机关依法进行监督，同时提出实践中行政机关往往无法掌握涉刑案件相关信息，建议会同人民法院等部门建立信息共享机制。会后，即墨区人民检察院在调查核实确认王某甲确实存在上述违法情形且尚未经查处后，立即依法向有关部门制发检察建议。检察建议下发后，行政机关作出吊销营业执照的处罚决定。同时，即墨区人民检察院发挥牵头作用，邀请人民监督员、人民法院和行政机关的工作人员等就行政机关涉刑人员信息收集难的问题组织召开座谈会，对建立综合分析研判、案件线索交流、提前介入侦查、信息资源共享、联合调查研究、共同推行业务培训的工作机制深入讨论并形成一致意见，有效解决了行政机关收集涉刑人员信息的难题。

在办案中促进解决深层次的社会治理问题，是承办检察官的职业担当，更是检察机关的社会责任。在案件办理过程中，即墨区人民检察院听取人民监督员的意见建议，注重换位思考，积极为行政机关依法履职提供司法支持，畅通信息共享，有助于弥补工作短板，促进案件办理专业化问题的解决，推动检察能动履职的规范化、公开化，提升以案释法、以事普法的权威性和接受度。同时充分发挥各单位资源优势，做到有效无缝衔接，通过协同发力助推诉源治理，形成打击危害食品安全犯罪合力，切实守护人民群众"舌尖上的安全"。

第五章　刑事检察工作能力现代化的基层探索

第一节　刑事检察工作能力现代化的基本阐释

习近平总书记强调："政法系统要把专业化建设摆到更加重要的位置来抓。专业化建设要突出实战、实用、实效导向，全面提升政法干警的法律政策运用能力、防控风险能力、群众工作能力、科技应用能力、舆论引导能力。"[1]

政法工作现代化是保障中国式现代化建设顺利进行的关键力量，同时也是中国式现代化的重要组成部分。2023年1月7日召开的中央政法委工作会议指出："推进政法工作现代化，不仅是战略性部署，也是专业性要求，必须注重提升专业能力、专业精神。"[2] 因此，作为中国式现代化、政法工作现代化的重要组成部分，检察工作现代化必须融入和助力政法工作现代化，为奋力推进中国式现代化贡献检察力量。

2023年7月，大检察官研讨班指出："检察队伍要抓实专

---

〔1〕《全面深入做好新时代政法各项工作　促进社会公平正义　保障人民安居乐业》，载人民网2019年1月17日，http://jhsjk.people.cn/article/30560032。

〔2〕《从中央政法工作会议看如何推进政法工作现代化》，载《法治日报》2023年1月10日，第1版。

业素能建设，持之以恒建强队伍、提升素能、练好内功。"[1]
"能力是现代化的基础，专业化能力是履职之要、发展之本，
没有高素质能力过硬的检察队伍，检察工作现代化就无从谈
起。基层检察机关承担着大量基础性工作，业务量大，工作庞
杂繁重，人才现状与人才需求之间的矛盾显得尤为突出，必须
把检察队伍能力现代化建设作为基础性、战略性工程来
抓。"[2] 刑事检察是"四大检察"中的基础性工作，在新时代
新征程的背景下，检察机关必须做优刑事检察，坚持守正创
新、巩固深化，着力实现检察机关刑事检察工作能力现代化，
奋力谱写新时代新征程党的检察事业新篇章。

刑事检察工作能力现代化是新时代对检察干警专业知识、
职业技能和道德水平等方面的要求。具体来说，刑事检察工作
能力现代化要求检察机关在一般的工作能力基础上，辅之以现
代化的专业技术、专业制度、专业平台、专业工具，全面提升
刑事检察工作的专业化履职效能，铸造"四个铁一般"的检察
铁军，更好为大局服务、为人民司法、为法治担当，为全面推
进中国式现代化建设贡献检察力量。

刑事检察工作能力现代化具有以下几个特点：一是专业
化，刑事检察工作能力现代化要求检察干警具备扎实的法律知
识和专业技能，能够准确把握法律法规和司法政策，正确适用
法律，保障公正和效率。二是信息化，刑事检察工作能力现代
化要求检察干警充分利用现代信息技术，建立科技化的工作平
台和工作流程，实现检察工作的自动化、智能化和高效化。三
是创新化，刑事检察工作能力现代化要求检察干警不断创新工

---

〔1〕　巩宸宇：《大检察官研讨班在国家检察官学院开班》，载最高人民检察院官网，ht-
tps：//www. spp. gov. cn/spp/tt/202307/t20230719_ 622012. shtml。

〔2〕　寇世峰：《贯彻落实党的二十大精神　推进检察工作能力现代化》，载平川区检察院
官网，http：//www. pingchun. jcy. gov. cn/info/1052/1709. htm。

作理念和工作方法，提高检察工作的创新性和实效性。四是协作化，刑事检察工作能力现代化要求检察干警加强与其他相关部门和机构的协作配合，形成合力，提高检察工作的整体效能。五是品牌化，刑事检察工作能力现代化要求检察干警注重打造自身的品牌形象，通过优质服务和公正办案，树立良好的社会形象和口碑，强化检察工作的品牌效应。

为推动刑事检察工作能力现代化，即墨区人民检察院从以下几方面入手：第一，推动党建与检察业务融合发展，实现党的建设与检察业务的深度融合；第二，促进检察业务能力综合提升，以教育培训打实基础，坚持学练赛一体、传帮带结合，检学研一体发力，与时俱进，提升检察人员的政治素质、业务素质和职业道德素质；第三，借助外脑，提升办案质效，提升办案的专业化水平；第四，探索"人案合一"管理模式，促进人案耦合、人案相适、人案优化，锻造新时代检察铁军，促进检察监督能力现代化；第五，创新领军检察人才培养模式，为刑事检察工作能力的进一步提升打好人才基础。

第二节　推动党建与检察业务融合发展

一、党建与检察业务融合发展的内涵

党的建设和检察业务是检察工作的"一体两面"，只有实现党的建设与检察业务的深度融合，党的建设才有力量，检察工作才有灵魂。习近平总书记指出："机关党的建设是机关建设的根本保证……只有围绕中心、建设队伍、服务群众，推动

党建和业务深度融合，机关党建工作才能找准定位。"[1] 2023年7月，大检察官研讨班指出："要坚持从政治上着眼、从法治上着力，把讲政治与讲法治有机结合起来，把执行党的政策与执行国家法律统一起来，在法治轨道上维护稳定、促进发展、保障善治，以行动践行对党忠诚。"[2] 2023年8月，最高人民检察院印发的《2023—2027年检察改革工作规划》明确："健全落实党对检察工作的政治领导、思想领导、组织领导、业务领导机制。落实意识形态责任制，健全检察人员思想动态定期分析、分类引导等制度。"[3] 检察机关作为政治性极强的业务机关和业务性极强的政治机关，必须毫不动摇地把党的政治建设摆在首位，不断强化政治机关意识，始终把握正确的政治方向。必须坚决做到"两个维护"，深化理论武装，严守党的政治纪律和政治规矩。提高检察机关党的建设质量，必须处理好党建和业务的关系，牢牢把握机关党建工作定位，推动政治建设与业务建设深度融合，以高质量党建发展引领检察工作高质量发展。

即墨区人民检察院始终坚持以习近平新时代中国特色社会主义思想为指导，坚持党对检察工作的绝对领导，认真落实《中共中央关于加强新时代检察机关法律监督工作的意见》。即墨区人民检察院着力打造的"党徽闪耀·检徽同映"品牌获评全国基层院首批党建与业务融合"十大品牌"表彰；2011年，即墨区人民检察院被评为"全国文明单位"；2020年，即墨区人民检察院被评为全国第七届先进基层院，并在全国基层院建

---

〔1〕《习近平在中央和国家机关党的建设工作会议上的讲话》，载人民网，http：//jhsjk. people. cn/article/31433005。

〔2〕巩宸宇：《大检察官研讨班在国家检察官学院开班》，载最高人民检察院官网，ht-tps：//www. spp. gov. cn/dj/xwjj/202307/t20230719_ 622020. shtml。

〔3〕《2023—2027年检察改革工作规划》，载最高人民检察院官网，https：//www. spp. gov. cn/xwfbh/wsfbt/202308/t20230807_ 624017. shtml#2。

设会议上作典型发言；2021年，即墨区人民检察院第一检察部被山东省人民检察院评为"全省检察机关扫黑除恶专项斗争优秀集体"，67个集体和个人获区级以上表彰。

优秀成绩的背后，是党建引领发挥着至关重要的作用。即墨区人民检察院牢固树立"抓好党建是最大政绩"的理念，以办案团队党小组建设为核心，实施"基石、铸魂、融合"三大工程，紧紧围绕"案"和"人"两大关键要素，以"党徽闪耀·检徽同映"党建品牌为统领，以"人案合一"融合模式为核心，通过党建与业务融合的智慧和力量努力破解基层检察工作现代化进程中的难题，实现党建有魂、组织有形、融合有效、检察有为。

二、强化"融"的意识，构建"三位一体"工作机制，提升党建引领力

即墨区人民检察院强化系统思维，树牢"主动抓"的融合意识，聚力实现党建与业务从"物理接触"转变为"化学融合"。

第一，建立党组成员下沉支部的融合带动制度。党组成员以普通党员、一线干警身份到支部最前沿参与指导党建、具体办好案件，带头圆满办理了"3·9套路贷涉黑案"、在全国有重大影响的"高产环评师"案等多起最高人民检察院和公安部联合挂牌督办的重大案件，10起案件获评全省典型案例，院领导带头探索的工作亮点连续4年获得省院工作创新正式立项。

第二，建立"三会一课"的融合引领制度。在"三会一课"中增加"新党建·新业务"讲堂、"我的案例我来讲""办案一线的主题党日"等业务版块，进一步提高"三会一课"的"含业务量"。第二检察部党支部的检察官在办理某某全屋家居被侵权案件过程中，通过引导认罪认罚、支持企业民

事起诉等方式，为企业追回全部经济损失。该党支部在该公司开展"保护知识产权主题党日"活动，向公司发出检察建议，为有关人员进行了普法宣讲，受到企业的欢迎。

第三，建立"四查三化"的融合督导机制。建立日常检查、案件评查、检务督察、廉情核查"四查合一"的政治督察机制，充分运用"工作项目化、项目清单化、清单责任化"的"三化工作法"进行跟踪问效，对发生信访、舆情或案件质量问题的，一律由办案部门、案件评查专班、检务督查部门实行"三阶式"倒查，对政治建设与业务建设"脱节"等问题及时通报处理，形成务实管用的全链条党建融合督导机制。

三、抓住"融"的关键，探索"人案合一"管理模式，释放检察生产力

党的建设核心是"人"，业务建设核心是"案"，即墨区人民检察院探索党建与业务在基层架构、基础工作、基本评价上"三基融合"，将检察干警的政治素质与业务能力融合提升、一体评价，从人案耦合、人案相适、人案优化、人案统管四个维度，推进"人案合一"管理模式，形成了"以管案带动管人、以管人促进管案"的良好格局。

第一，着力推动基层架构深度融合，实现人案耦合。即墨区人民检察院将党建与业务基层构架融合设置，推动一个部门就是一个支部，一个办案团队设一个党小组，突出部门负责人、团队负责人、办案人"第一身份"是支部书记、党小组组长、共产党员，完善支部、党小组"第一议题"制度，通过"支部书记擂台""优秀党员检察官""墨检星光榜"评选等，彰显检察官的政治属性，让党建工作在讲述中愈加具体、愈加生动。

第二，着力推动基础工作深度融合，实现人案优化和人案

相适。即墨区人民检察院坚持"业务出问题，党建找原因"，针对普通刑事案件，探索"四级办案"新模式，将案件从简到繁分为四级，每一级结合党员检察官业务能力、专业特长进行匹配，实现科学轮案；对于重大疑难复杂案件，创建案前动员会、案中分析会、案后总结会党小组"三会"制度，确保案件"三个效果"。

第三，着力推动基本评价深度融合，实现人案统管。即墨区人民检察院坚持以案件质量评价为标准，探索实践"人案合一"数字考核模型，对党建活动情况、办案政治效果实行单独汇总评分，最终形成检察官业务数据分析报告"数字模型"，实现对员额检察官及检察官助理的政治素能和业务素能的一体化精准考核。即墨区人民检察院建立司法瑕疵运用"第一种形态"等 12 项配套制度，将关于司法瑕疵的原则性规定细化为29 种具体情形。

四、找准"融"的落点，打造"即墨检察品牌矩阵"，推动现代化建设

即墨区人民检察院深入实施"一支部一品牌"工程，引导各党支部有效链接党建要素和业务工作资源，把党建品牌作为业务履职的方向与标准，将品牌的有形载体融合为无形的党建力量。同时，坚持 8 个支部品牌整体设计、系统集成、协同推进，品牌之间联动创建、互为补充，既统筹兼顾又各具特色，逐渐形成社会大众、检察系统认可的"即墨检察品牌矩阵"。着眼于现代化理念融合，坚持"双赢多赢共赢""能动检察"理念，聚焦乡村振兴等重大决策部署，第四检察部党支部打造"益心守护"品牌，依法办理破坏耕地 40.98 亩刑事附带民事公益诉讼案件，严格请示汇报，争取青岛市人民检察院和区委支持，联合两级人民法院、自然资源局等一体推进，引导被告人

主动缴纳耕地修复保证金等费用720.8万元，《检察日报》《方圆》等媒体报道中明确此案为全国首例依职权提级管辖的环境资源刑事附带民事公益诉讼案，切实保护了耕地"发展之基"。

第一，着眼于现代化机制和体系融合，着力打造五位一体简案快办品牌。即墨区人民检察院积极顺应犯罪形势变化和社会治理需求，第一检察部党支部打造"一站即诉"品牌，在党委政法委的支持下，畅通内外部工作机制，深化与其他政法单位的党建共建联建，推动公检法司联合建立"执法办案中心＋侦查监督与协作配合办公室＋速裁法庭＋法律援助工作站＋人民调解室"五位一体简案快办平台，加快构建轻罪治理体系，保证了办案效果，提升了办案效率，减少了当事人诉累。山东省人民检察院将其正式立项为2023年度山东省检察机关工作创新项目。最高人民检察院调研组在实地调研时，给予充分肯定。

第二，着眼于现代化能力融合，着力打造党建与业务相融合的即墨品牌。即墨区人民检察院充分发挥党员先锋模范和一体化检察履职作用，持续夯实支部战斗堡垒基础，检察业务管理部党支部牵头打造"温情检察在即"品牌，推动"检察蓝"与"党旗红"交相辉映。聚焦专业化办案能力，在全院抽调5名党员骨干，成立协助查办司法人员相关职务犯罪团队和党小组，2020—2022年连续三年取得持续性突破。

第三，着眼于亲民化履职方式，着力建设融合党员优势的即墨检察品牌。即墨区人民检察院设立"温小即"热线专员，开辟"温小即"说事、说法、说案、说人四大专栏。截至2023年，"温小即"已推出30余期专题普法，成为百姓身边的"司法顾问"。聚焦法治化营商环境，即墨区人民检察院抽调1名副处级党员干部、1名科级党员干部与2名党员干警，成立服务民营经济试点专班。专班成员充分发挥党员先锋模范带头作用，制作数个相关规范性文件，最终顺利通过该试点验收工作。

五、实施"铸魂"工程，全面提升党员队伍凝聚力和战斗力

即墨区人民检察院坚持把思想政治建设作为党建的灵魂，建成集党员学习、教育、关怀、管理于一体的"党员之家"；大力推进政治、业务融合培训，以党支部和党小组"微党课""微讲座""微座谈""主题党日"等活动为载体，教育引导检察人员站在政治和大局高度思考、推进、落实业务工作，坚决做到"两个维护"。公益诉讼党小组到非法填海现场开展"主题党日"，深刻阐明开展"守护海洋"公益诉讼专项监督活动的政治意义和社会价值，现场研讨办案策略，成功监督追缴巨额海洋生态修复费用，守护蔚蓝海岸线。即墨区人民检察院充分发挥党支部和党小组战斗堡垒作用，开展"一支部一品牌、一党小组一亮点"活动，推动各项工作走在前、作表率，先后推出"墨检润企""春晖工作室"等6个特色党建子品牌，涌现出"全省检察业务能手""全市十佳公诉人"等一批先进典型，认罪认罚从宽、青少年法治教育等40余项经验获得省级以上平台转发推广。

同时，即墨区人民检察院将每周五下午确定为"机关学习日"，采取院集中组织和部门、支部组织相结合的方式，利用主题党日、同堂培训、业务交流、研讨沙龙、检察官每案一讲、领导干部上讲台、专家讲座、政治理论重点知识点定期考测等活动形式，组织干警集中学习培训，重点学习习近平新时代中国特色社会主义思想、习近平法治思想、党的最新理论成果、上级指示精神和法律知识、业务技能等。

第三节　促进检察业务能力综合提升

一、检察业务能力综合提升的基本内涵

习近平总书记强调："注重培养专业能力、专业精神，增强干部队伍适应新时代中国特色社会主义发展要求的能力。"[1] 党的十九届四中全会审议通过的《中共中央关于坚持和完善中国特色社会主义制度、推进国家治理体系和治理能力现代化若干重大问题的决定》提出，把提高治理能力作为新时代干部队伍建设的重大任务，为推进国家治理体系和治理能力现代化贡献智慧和力量。[2] 要坚持建设德才兼备的高素质法治工作队伍。检察机关要紧紧扭住制约队伍建设的瓶颈问题，全面加强检察人员能力素质建设，把忠于党、忠于国家、忠于人民、忠于法律的要求真正落实到检察队伍建设过程中。

新时代新征程检察事业发展面临的困难和问题呈现在多方面，现在最突出的问题是"人"，检察队伍素质跟不上，"关键少数"不适应。要以专业化、职业化为导向，紧紧围绕提升监督能力这个核心，不断深化检察改革，从体制机制上逐步解决"不适应""跟不上""本领恐慌"等问题，以检察履职能力现代化助推国家治理能力现代化。[3] 刑事检察业务能力综合提升要求检察机关与时俱进，通过各种方法提升检察人员的检察职

---

〔1〕 习近平:《坚定不移全面从严治党，不断提高党的执政能力和领导水平》，载人民网，http://jhsjk.people.cn/article/29635045。

〔2〕 参见《中共中央关于坚持和完善中国特色社会主义制度　推进国家治理体系和治理能力现代化若干重大问题的决定》，载中国政府网，https://www.gov.cn/zhengce/2019 – 11/05/content_ 5449023.htm? ivk_ sa = 1024320u。

〔3〕 参见检察日报评论员:《打造德才兼备的高素质检察队伍》，载《检察日报》2020年12月16日，第1版。

业伦理、法学理论功底、法律思维能力、依法裁量能力、语言表达能力和临场应变能力等各项刑事检察业务综合能力，坚持把能力建设作为重要任务，不断加强刑事检察队伍专业化建设。

即墨区人民检察院始终紧紧围绕社会稳定大局，坚持以人民为中心，立足检察职能，在非诉讼纠纷解决机制建设中，实施"检察＋"平台模式，将矛盾化解"关口前移"，通过整合人民调解、行政调解、司法调解等调解方式，形成功能互补、程序衔接的有效化解矛盾纠纷的社会治理体系。

二、强化"平台"建设，从制度上推进多元化矛盾纠纷化调工作

即墨区人民检察院制定形成《非诉讼调解工作制度》《非诉讼纠纷化解服务措施》《非诉讼案件跟踪回访制度》等一系列工作规章制度，规范各部门非诉讼案件办理流程及受理条件，保障非诉讼纠纷化解工作的有序、有效开展。

为进一步规范来访接待工作，提高来访接待工作效率，实现信访案件的息访息诉，即墨区人民检察院在建立12309检察服务中心的基础上，设立了12309检察服务热线，印发了《青岛市即墨区人民检察院信访案件四阶式评查办法（试行）》，实现信访案件四阶式评查。具体来说，即墨区人民检察院根据部门职责分工，分别由业务部门、控申、案管、监察部门对有当事人上访的案件依次组织人员进行评查，并在每个阶段评查完毕后分别形成结论性评查报告。业务部门进行自查，控申部门进行实体评查，案管部门进行程序评查，监察部门进行纪律评查。此外，即墨区人民检察院制定了《青岛市即墨区人民检察院分级接访标准化细则》，建立来访四级评定制度和分级接访制度，将来访分为四、三、二、一级，一级为最高级。按照评

定的不同等级，分级、分类确定接访方案。坚持诉访分离、分类处理，控申主导、其他内设部门配合原则，有效实现了便民、高效与就地解决、源头治理、疏导教育的有机结合。

三、发挥"借力"作用，邀请律师参与非诉讼纠纷化解工作制度

即墨区人民检察院积极探索律师参与非诉讼纠纷化解工作制度，推动矛盾纠纷法治化解决。司法局指派律师每天到院工作，协助控申接访干警一起接待群众来访，参与矛盾化解工作。同时，即墨区人民检察院将非诉讼服务工作与"刑事法律援助全覆盖"工作相结合，邀请刑事案件的代理律师、来院值班的法律援助律师及参与认罪认罚从宽工作的律师都参与到调解程序中，对于矛盾化解中遇到的问题，及时与律师对接，预防和化解非诉讼矛盾效果明显。

四、加强"业务"素能，不断提升专业团队的调解能力

即墨区人民检察院成立检察院非诉讼服务工作领导小组，1 名副检察长任组长，各业务科室负责人任成员。成立专业化调解团队，调解人员主要为第一至三检察部（刑检、刑执部门）、第四检察部（民行部门）、第五检察部（控申部门）以及具备相关专业知识的其他人员，形成了非诉讼服务工作业务部门全员参与、贯穿检察工作全流程的工作格局。即墨区人民检察院从以下几方面，持续着力推动检察业务能力综合提升。

第一，加强沟通，加大与相关部门的合作力度。即墨区人民检察院加强与人民法院、公安局、司法局等部门的沟通，加强工作联系，共同做好非诉讼纠纷化解工作。

第二，加大信息宣传、调研力度。即墨区人民检察院加强对非诉讼案件化解实效的宣传，引导群众遇到相关问题后自觉

在法律框架下解决，提升工作的法律效果和社会效果，把好的工作做法更加充分地总结出来，为指导以后的工作打下更坚实的基础。

第三，依托控申职能，做好非诉讼矛盾化解。即墨区人民检察院在控申大厅公示非诉讼案件的受理流程，受理工作人员基本信息，将相关制度、规范等进行公示，亮化、凸显非诉讼纠纷解决理念。同时，即墨区人民检察院坚持有访必接，对符合化解条件的案件，现场答复，及时办理；对一时解决不了的问题，耐心向群众解释，切实提升非诉讼纠纷化解工作的效果。

五、开展"帮教"活动，不断提高未检工作质效

在 2021 年 12 月 4 日国家宪法日，即墨区人民检察院联合新市北心理健康服务中心为涉罪未成年人及家长开展了一次特殊的宪法宣传及以"快乐成长"为主题的心理辅导课程。即墨区人民检察院负责未成年人检察工作的检察官、新市北心理健康服务中心司法社工、涉罪未成年人及家长参加了活动。本次宪法日主题活动，充分体现了"对违法犯罪的未成年人，实行教育、感化、挽救的方针"。一方面，由司法社工组织中的资深律师进行宪法宣传，使涉罪未成年人及家长进一步树立学法、懂法、守法的意识；另一方面，由司法社工组织中经验丰富的国家二级心理咨询师带领涉罪未成年人和家长们纷纷敞开心扉，在温馨的氛围中解答很多困扰未成年人和家长的社会心理问题。在活动的最后，即墨区人民检察院第二检察部主任应司法社工组织的邀请，一起为本期亲职教育班的线下课程画上一个圆满的句号，庆祝孩子们即将到来的 18 岁生日。本次宪法日主题活动，是涉罪未成年人及其家长亲职教育班的重要一课。亲职教育班的开展，为引导父母改变不当教养方式，协助

父母培养子女规则意识，从根本上预防再犯罪提供了重要支撑。在今后的工作中，即墨区人民检察院将对违法犯罪的未成年人继续贯彻落实"教育为主、惩罚为辅"的原则，与社工组织保持沟通，帮助涉罪未成年人及时回归正轨，持续稳定地走好脚下之路。

第四节　探索"人案合一"管理模式

一、"人案合一"管理模式的基本内涵

"人案合一"是一种管理模式、一套评价体系。将检察干警的政治素质与业务能力融合提升、一体评价的管理模式，是现有的管人、管案一系列机制制度的系统性优化升级。检察机关实施科学管理，主要体现在两个层面，一是对人的管理，二是对案的管理。在刑事检察工作实务中，对人的管理和对案的管理有时往往形成"两张皮"，具体表现为在案件管理中缺失对人的思想引导和管理教育，在人员管理时缺少对案件办理的效果和质量的评价。为积极解决这一难题，落实最高人民检察院提出的抓实科学管理引导高质量发展要求，即墨区人民检察院围绕如何向科学管理要检察"生产力""战斗力"，促进检察人员自觉、能动、创新履职，在实践中探索出"人案合一"管理模式，将"人"和"案"的管理有机融合，促进人案相适、人案双管，取得初步成效。

党的建设核心是"人"，重点在于提升人的政治素养、政治能力；业务建设核心是"案"，重点在于提升案的数量质量、效率效果。实现"人案合一"的评价、管理，是实现刑事检察工作能力现代化的题中应有之义。2020 年，即墨区人民检察院

党组提出这一思路并推进该管理模式，将该项目作为一号工程，先后多次召开党组会、检察长办公会、专班专题和支部会议等进行研究，定期邀请上级党组指导，及时解决工作中存在的问题。在 2020 年至 2022 年的两年时间里，即墨区人民检察院出台了《党建与业务深度融合十条办法》《重大疑难案件"三会"机制》《司法案件运用"第一种形态"细则》等 12 项配套制度；开展案件质量评查 42 次，形成业务数据分析报告 31 份、检察官业绩档案 37 册。即墨区人民检察院运用数字模型，实时形成检察官个人业务数据分析报告。即墨区人民检察院从人案相适、人案优化、人案统管等维度推进"人案合一"，努力实现全院各项业务工作的高质效推进、高质量发展。

二、创设四级办案模式，实现人案相适

针对刑事案件审结率不高、办案周期偏长、速裁适用率低等问题，即墨区人民检察院组建工作专班对近几年办案数据进行分析。经分析，案件不分难易、人员随机匹配等成为严重制约办案效率的因素。为此，即墨区人民检察院打破原有办案体系，创建"四级办案"模式，并出台《繁简分流"四级办案"模式操作指引》，结合案件罪名、证据情况、认罪态度等按照从简到繁的标准将案件分为四级，根据各办案层级的案件数量、难易程度、诉讼程序等因素，科学核定办案人员数量，实行办案人员竞争上岗。其中，第一级案件配备 2 名员额检察官，第二级案件配备 2 名员额检察官和 1 名检察官助理。四级办案组分别设立 5 日、10 日、1 个月以及 1 个月以上的办案时限，以及 97%、95%、90%、80% 的每月最低审结率标准。

三、组建专业化办案团队，实现人案优化

针对扫黑除恶、知识产权、环境资源、养老诈骗等专项工

作，即墨区人民检察院成立专业办案组实行专案专办，由骨干检察官任组长，跨部门抽调助理、书记员等。在专项活动中组织、宣传、打击、保护、监督等任务均由办案团队一体承担，刑事、民事、行政、公益诉讼一体履职，从而丰富办案检察官的实践经验。为提升检察官高质效办案的意识，即墨区人民检察院力求将每一起案件办理成典型案例，并成立案例专班，制定《典型案例培育工作办法》和配套考核机制，建立专业化办案团队及检察官案源识别、培育优化、宣传推荐的闭环式培育机制，实现执法办案"三个效果"的有机统一。

四、建立检察官业绩档案，实现一体评价

即墨区人民检察院以最高人民检察院案件质量评价指标体系和本院个性化评价指标为引导，案件管理部门为每名检察官形成个人业务数据分析报告，建立业绩档案。探索基层院办案政治效果量化体系，将多项考核指标列入检察官业务考核。

五、以办案数据为抓手，构建"人案合一"管理新模式

即墨区人民检察院坚持办案数据"活起来""用起来"，以办案数据为抓手给检察官"扫描""画像"，促进人与案的高度融合、优化配置。实现"以管案带动管人、以管人促进管案"良好格局，积极追求"人案合一"管理新模式，大幅提升了工作质效和办案质量。即墨区人民检察院各项业务数据一直稳居青岛市检察机关前列。

（一）完善办案工作机制，增强"人—案"匹配度，强化人与案全面优化

一是合理优化办案岗位。坚持人员与岗位相匹配，结合办案数据分析办案人员的业务水平、专业特长、办案特点，有针

对性地选岗配人，合理调整各业务部门检察官数量，同步调整检察官助理、书记员，实现办案人与案件的有机平衡。即墨区人民检察院共调整员额检察官12人，检察官助理和书记员11人，人岗适配度显著增强，业务质效实现快速提升。

二是适时优化办案团队。坚持骨干力量与办理重大疑难案件相匹配。通过月度、季度、年度分析，总结办案规律，办案团队实现动态优化组合。针对通过分析研判发现的一审公诉案件审查起诉阶段存在简易案件办理周期较长的现象，即墨区人民检察院出台了《刑事案件繁简分流实施办法》，设立2个速裁办案组，集中办理占全院案件总数近70%的简单案件。

三是及时优化轮案数量。坚持办案数量与办案质量相匹配。根据每周所统计的检察官的办案数量，包括在办案件和办结案件，对于办案压力明显超限的检察官，依实际情况合理减少轮案；对于申请不在位暂停轮案导致其他正常轮案检察官案件量激增的，在其恢复轮案后给予适当补足办案量，以保证各位检察官在工作量上不会超出合理限度，避免因承担过重的案件工作量而影响案件质量。

（二）完善案件质量监控，增强"人—案"黏合度，强化案对人全程制约

一是强化办案流程全程跟踪。坚持发挥流程监控"三级预警"作用，实现以案管人，提升规范意识。对1周内到期案件和可以"即知即改"案件，启动"蓝色预警"，每日通报、跟踪督办；对退查不规范等违规办案情节较重的，启动"黄色预警"，发出《流程监控通知书》督促承办检察官立即整改；对存在较大质量问题、违规办案情节严重的，启动"红色预警"，及时向检察长报告处理，确保无超期和错案。

二是强化办案数据重点监控。坚持重点案件严格管控，实现以案管人，提升办案效果。配备专职流程监控员重点监控延

期、退查等影响"案－件比"的因素，监控刑事诉讼监督背书、认罪认罚背书、民营经济案件背书"三大背书"制度的落实情况，对出现信访问题或质量问题的案件，办案部门、信访部门（案件评查专班）、案件管理部门、检务督察部门实行"四阶式"倒查，确保查深、查透、查准、查实。即墨区人民检察院刑事诉讼监督背书经验得到青岛市人民检察院主要领导批示，被青岛市人民检察院以正式文件形式进行全市推广。

三是强化办案质量专项评查。坚持主要数据督查倒逼机制，实现以案管人，提升办案质量。认真落实上级院对检察业务数据质量专项督查的要求，每月进行一次数据质量专项督查。重点核查捕后不诉、批捕和起诉涉医犯罪、涉校园暴力、家庭暴力犯罪、涉黑恶犯罪等 24 类犯罪数据，认罪认罚案件中辩护人和值班律师填录以及量刑建议填录情况等数据同步纳入重点检查范围。2022 年开展数据质量专项督查 12 次，对 2013 年统一业务应用系统上线以来的 14118 件刑事案件进行了专项质量督查，整改案卡填录问题 845 个。

（三）完善业绩评价管理，增强"人—案"融合度，强化人对案全面负责

一是全方位通报办案数据。坚持受理量、审结数、排名度实时公开，实现办案人对办案工作全面掌握。办公楼一楼大厅每天滚动播放员额检察官、检察官助理、书记员的办案情况，让干警直观地看到数据，增强"数据化理念"；办案数据每周更新，并在公共屏幕、检察内网、全视通群"三网同示"；每周一办公会重点研究数据业务情况，有针对性地固强补弱。实行月调度，每月院务会组织一次数据会商研判，总结阶段性经验，谋划部署下一步重点工作。

二是常态化进行绩效考核。坚持考人、考案、考事有机结合，激励办案人员在业务考核评价中全面争先。结合上级统一

业务考核指标，研究增加案件质量评查、信息宣传、线索移送、理论调研、公开听证、人民监督、创新亮点、标准化工作、案件宣传等13项重点任务，增加分值比重，在绩效分配上体现差别，极大地激发了办案的积极性；坚持日、月、季、年相结合的常态化考核考评方式，引导干警干在平时、争在平时，避免"平时不用劲、年底搞突击"的情况发生；强化数据应用，建立提拔、奖励"数据先审"工作机制，对于业务数据处于所在部门平均数以下的检察人员，不推先荐优、不提拔重用。

三是终身制追踪案件办理。坚持一案管到底原则，实现办案人对办理案件全程留痕、终身负责。以检察官为单位建立台账，每名检察官一本案件台账，对所办理的每一起案件均按受理时间顺序进行编号，对受理到办结再到判决的所有环节进行全程追踪，将所有节点发现的问题都详细计入案件台账。每月公示发现问题总数、整改问题总数、整改率等数据，将检察官与所办理的案件进行"捆绑"，推动立知立改。严格落实错案责任追究，倒逼规范办案、高效整改的积极性、主动性，使案卡填录和案件办理质量得到有效保障。

第五节　借助"外脑"提升办案质效

一、借助"外脑"提升办案质效的基本内涵

党的二十大报告指出："要增强问题意识，聚焦实践遇到的新问题、改革发展稳定存在的深层次问题、人民群众急难愁盼问题、国际变局中的重大问题、党的建设面临的突出问题。"随着社会经济发展，各种专业性问题不断涌入刑事诉讼领域，

许多专业性问题已超出检察人员的知识储备范围，检察机关引入专业力量助力监督办案十分必要。社会发展中的很多矛盾和问题以案件形式进入诉讼程序，要满足人民群众对民主、法治、公平、正义、安全、环境等方面内涵更丰富、水平更高的新需求，检察机关需要更多更优的配合与协助。各级检察机关要充分发挥社会力量，特别是相关领域的专家学者、专职律师、资深法官和有法律背景的人大代表、政协委员等人员的力量，善于借用"外脑"办好案件、提升专业能力，为人民群众提供更多更优的法治产品、检察产品。[1]

二、"专家会诊"模式解决鉴定意见审查难题

为贯彻落实最高人民检察院《关于指派、聘请有专门知识的人参与办案若干问题的规定（试行）》、《山东省检察机关有专门知识的人推荐名单库管理办法（试行）》等文件要求，指引即墨区人民检察院聘请有专门知识的人参与办案，用"专家会诊"这一途径解决司法办案中涉及的专门性问题，为检察官办案提供相关专业的参考意见。即墨区人民检察院、即墨区公安局、即墨区卫生健康局结合实际情况制定《关于建立案件办理涉及的专门性问题组织医学专家参与会诊的实施意见（试行）》。该意见针对办案中涉及的专门性问题，有效弥补了检察干警的专业短板，破解专业难题，为实现检察机关高质效办好每一起案件提供强有力的检察技术保障，主要内容如下。

第一，明确参与会诊的医学专家组库要求。检察院组织制定有专门知识的人推荐名单库，应当商请区卫生健康局提出推荐人选（原则上为在区三级医院中执业的具有高级职称的医

---

〔1〕　参见检察日报社评：《借用"外脑"办好案件提升能力》，载最高人民检察院官网，https：//www. spp. gov. cn/zdgz/201808/t20180820_ 388892. shtml。

生），考察并征求本人意见，经检察院党组研究批准后通过，并将人员名单报送上级检察机关备案。

第二，明确医学专家参与会诊的案件范围。即墨区人民检察院在办案过程中发现涉及专门性问题的证据有下列情形之一即可启动专家会诊程序：定罪量刑有重大影响的；需专业知识或经验，对涉及专门性问题的证据材料进行判断或明确的；与其他证据之间存在无法排除的矛盾的；就同一专门性问题有两种或者两种以上的意见且不一致的；当事人、辩护人、诉讼代理人有异议的；其他必要的情形。

第三，明确医学专家参与会诊的工作流程。需由办案检察官申请并提供案情、病历材料及其他相关材料，经技术部门审查、上报分管领导并经其同意后，将相关材料及需解决的问题于会诊 3 天前告知或送达参与会诊的医学专家，并通知会诊具体日期；检察技术人员、区公安局指派的鉴定人员及推荐名单库中的医学专家共同组成会诊小组，对案件办理涉及的专门性问题进行会诊并形成会诊意见，供员额检察官在案件办理中参考使用。

第四，明确医学专家参与会诊的工作保障。除提供专家会诊合适的场地、设备外，需要详细介绍与涉案专门性问题有关的情况，并提供涉及专门性问题的证据等案卷材料，明确要求协助或者提出意见的问题。

以即墨区人民检察院办理的黄某足跟骨折鉴定审查案为例，2020 年 7 月，犯罪嫌疑人常某酒后与黄某发生口角，后常某与黄某厮打在一起，经鉴定，黄某左脚的跟骨骨折构成轻伤二级。根据黄某的陈述，其跟骨骨折系常某将其打倒在地并用脚踹在其左侧脚跟处造成。而常某拒不承认黄某左脚跟骨骨折及黄某妻子牙齿缺损是自己造成的。现场监控录像存在盲区，除了其本人陈述外，暂无其他证据相佐证。

受办案人委托，即墨区人民检察院法医对黄某的鉴定书进行技术性证据审查。审查认为，被害人黄某左足跟骨骨折的致伤方式存在疑问，直接认定系常某的伤害行为导致存在办案风险。根据上下一体化办案要求，经办案人同意将该案件向青岛市人民检察院技术部门进行了汇报，以寻求进一步技术支持，破解鉴定难点。青岛市人民检察院法医认真审阅所提交的案卷材料、伤情照片、监控录像、医学影像学资料、临床病历记录等，并指导即墨区人民检察院进一步补充相关资料，到伤者就诊医院调取 CT、磁共振影像资料的原始电子档案。汇总材料后，青岛市人民检察院法医认为该案件仍存在较大争议，有必要组织专家会诊形成权威意见为案件办理提供支持。

2021 年 3 月 30 日，青岛市人民检察院技术部门组织青岛市市立医院、中国人民解放军海军第 971 医院医学专家及青岛市人民检察院专家咨询委员会成员共同组成专家组，到即墨区人民检察院进行现场专家会诊。法医学、骨科学及医学影像学专家与检察官面对面交流，一同观看案发现场监控录像，查阅病历、影像学资料及伤情照片，向办案人了解案件细节。与会专家在进行充分分析探讨后，一致认为"被害人黄某左足跟部外侧面受力造成其骨折的依据不充分"，形成了权威的专家意见。承办检察官依据专家意见，及时调整办案方向，根据形成的专家会诊意见，现有证据不能证实该伤情系犯罪嫌疑人常某所致。但根据专家意见，被害人黄某头部损伤可构成轻微伤，结合本案另一被害人身体损伤构成轻微伤的案件事实，认定犯罪嫌疑人常某随意殴打他人，致二人轻微伤，情节恶劣，破坏社会秩序，其行为涉嫌寻衅滋事罪。检察官对该案进一步固定相关证据后，以涉嫌寻衅滋事罪对犯罪嫌疑人常某向人民法院提起公诉。经开庭审理，人民法院最终以寻衅滋事罪判处常某有期徒刑 7 个月。

本案是借助"外脑"对技术性证据进行科学审查,克服对鉴定意见过度依赖的典型案例。即墨区人民检察院在实际工作中充分重视对鉴定意见的审查,承认办案中难免遇到对某个学科领域深度要求极高,甚至涉及多学科、多领域的情况,即便是检察技术人员,单纯依靠自己的力量也难以解决。此时,检察技术人员可以在检察官与专业人员之间搭建桥梁,借助"外脑"解决办案中的疑点、难点,从而提升办案质效,同时也可解决检察官遇到专业问题"无处问药"和相关专业技术人员缺乏联系的难题,拓展检察官相关专业领域的"朋友圈"。

三、"特邀检察官助理"解决专门性问题

在即墨区人民检察院办理的一起污染环境罪案件中,犯罪嫌疑人在生产过程中将废碱液通过渗坑非法排放。即墨区生态环境部门对废碱液进行抽样取检,认定废碱液属于危险废物,即墨区人民检察院因此以污染环境罪对犯罪嫌疑人提起公诉。因该犯罪行为对环境造成了污染,损害了公益,为此邀请即墨区生态环境部门特邀检察官助理介入案件办理,运用其所在生态环境部门专业化检测检验手段,发挥专业作用,对渗坑周边土壤进行排查,协助检察官对污染土壤进行了调查取证,为案件办理提供了强有力的专业知识和技术支持,帮助解决公益诉讼工作中遇到的各种专业性问题,切实提升办案质效。

为充分发挥检察机关和生态环境部门的职能作用,推动检察权与行政权的良性互动,形成生态环境保护合力,在特邀检察官助理的协助下,即墨区人民检察院与即墨区生态环境部门会签《关于建立生态环境领域公益保护协作配合机制的意见》,通过案件线索双向移送、行政执法案前磋商、生态赔偿协作、联席会议等机制,促进检察机关和生态环境部门更好地协作配合开展生态环境领域公益保护工作。

即墨区人民检察院在办理一起民间借贷纠纷申请监督案的过程中，邀请即墨区司法局特邀检察官助理等有关成员参加公开听证会。在听证会上，特邀检察官助理发挥专业优势，提议并协助检察官到银行调取双方借贷资金来往的银行流水记录 5 次，以查明借贷事实，厘清借贷关系；协助检察官询问当事人 3 次，参加检察官联席会议 2 次，对案件的调查取证方向提出意见。

第六节　创新领军检察人才培养模式

一、创新领军检察人才培养模式的基本内涵

检察领军人才是具有良好的政治素质和职业道德素质，具有深厚的法学理论功底、创新研究能力和丰富的实践工作经验，在本系统、本专业领域有一定名望和影响力的较高层次的复合型、专业性人才。2023 年《最高人民检察院工作报告》提出，要"建设堪当重任的检察铁军"，"落实新时代党的建设总要求，全面加强政治建设与业务建设，大力提升政治素质、业务素质和职业道德素质"。当前，检察工作面临强化法律监督、维护公平正义的要求高、任务重，培养和选拔一批检察领军人才，带动整体队伍素质的提高，是突破检察业务发展瓶颈的有效手段，也是检察工作面临的一项紧迫任务。培养检察领军人才是检察工作发展的必然趋势，是检察工作实现持续高质效发展的要求。随着依法治国基本方略和司法体制综合配套改革的深入推进，检察机关法律监督的地位和作用更加突出。社会转型期带来的新情况、新问题，对人才素质提出了更高的要求。目前检察队伍的素质与新形势的要求还存在一定差距，这

种差距与人的素质有关，检察工作的内在性质特点和社会发展要求，决定了检察工作需要创新发展。强化"人才资源是第一资源"的意识，坚持走"人才强检"之路，已成为推进检察事业发展的必然要求和时代选择。[1] 在"捕诉一体"背景下，应当探索建立适合新工作布局和办案模式的优秀人才选拔方式。要继续大力培养一批善于办理重大疑难复杂案件，承担重大理论和实务研究，在检察系统内外具有影响力，得到法律界和社会公认的高层次领军人才，通过领军人才发挥"头雁"的引领作用，由点带面，推动提升检察人才队伍的能力和水平。[2]

即墨区人民检察院深入贯彻落实最高人民检察院部署的"人才强检、能力强检"战略，努力培养一批能够有效适应新工作布局、高质效处理重大疑难复杂案件的复合型、领军型人才，努力在过硬队伍建设上展示检察新风貌。即墨区人民检察院紧紧围绕检察队伍革命化、正规化、专业化、职业化建设目标，巩固党史学习教育和政法队伍教育整顿成果，加强检察教育培训和人才培养，一体强化政治素质和专业能力，坚持"强作风、重落实、提效能"，大力推进全面从严管党治检，自觉接受监督制约，勇于开展自我监督，保障严格执法，公正司法。

二、深化新时代检校合作

2017 年 7 月，即墨区人民检察院与山东大学法学院签署检校合作协议，与此同时，即墨区人民检察院挂牌成为山东大学

---

〔1〕 参见安徽省淮南市人民检察院：《加强检察领军人才培养的思考》，载淮南检察网，http：//www. huinn. jcy. gov. cn/swyj/201702/t20170207_ 1934606. shtml.

〔2〕 参见陈国庆：《新时代刑事检察工作的创新与发展》，载《人民检察》2021 年第21—22 期合刊.

法学院的教育实践基地。协议签署以来，检察院干警多次利用周末时间参加法学院的讲座，而法学院也多次组织学生来检察院开展课题调研。检察干警对法律前沿的把握和学生对司法实务的了解都有了很大提升。2018 年，即墨区人民检察院干警与山东大学法学院学生联合申报课题 3 篇，其中联合撰写的《论检察监督的"证据滤网"作用——以非法证据排除规则为视角》获得青岛市检察理论研究年会论文一等奖，联合撰写的《审查起诉环节退回补充侦查问题研究——以诉侦关系为视角》获得优秀奖。2021 年，即墨区人民检察院与山东大学法学院的多位专家教授开展深度合作，共同申报了山东省人民检察院发布的《重罪案件认罪认罚从宽制度研究》课题并按期顺利结项。即墨区人民检察院领导与山东大学法学院教授在《检察日报》2022 年 12 月 24 日第 3 版共同发表了《第三方组织经费保障应体现履职公益性》一文。2023 年 7 月 31 日，最高人民检察院发布《2023 年度最高人民检察院检察应用理论研究课题立项公告》，即墨区人民检察院检察长与山东大学法学院教授共同申报的《涉案企业合规第三方监督评估机制》课题获批立项。2023 年 8 月，即墨区人民检察院检察长与山东大学法学院硕士研究生在《人民检察》2023 年第 14 期发表《对速裁案件探索"一站式"办理》一文。此外，即墨区人民检察院各部门领导、检察干警与山东大学法学院教授、学生共同在《检察日报》《人民检察》等高质量法学报纸、期刊上发表论文数篇。

即墨区人民检察院持续为山东大学法学院的专家教授提供理论联系实际、直接指导司法实践的平台，为教学科研实习提供必要的条件，为法律专业的学生提供司法实践的基地。近年来累计接收 30 余名山东大学法学院博士研究生及硕士研究生到院实习，并安排优秀的检察官到法学院为学生授课，指导模拟法庭等，帮助学生提高实践能力。聘请法学院专家学者作为专家咨询小组成员，负责针对新类型案件、疑难案件、复杂案件进行答疑解惑，以帮助检察干警拓展办案思路、增强办案能力、提高办案质量。建立检校双方优势互补、互惠互利、双向受益、共谋发展的长效合作关系。

三、推进政治、业务融合式学习培训

即墨区人民检察院各部门大力推进政治、业务融合式培训，"政治、业务一起学"，明确业务部门党支部与党小组会议的"第一议题"、业务学习培训交流的"第一课程"均为政治理论学习，教育引导检察人员站在政治和大局高度思考、推进、落实业务工作。建立政治理论学习核心知识点清单测试制度，定期发布有关知识点清单，适时组织全院统一测试，不断增强一切检察工作"从政治上看"的自觉性。

即墨区人民检察院要求全体检察人员把检察业务系列教材作为日常学习和司法办案的案头卷、工具书，全面系统学、及时跟进学、深入思考学、联系实际学。即墨区人民检察院要求检察人员坚持检察业务系列教材一体学，在"专学"的基础上努力做到"通学"，既要精读深研本职业务教材，也要主动学习钻研其他业务教材，深刻把握不同法律监督职责之间的共通性，善于综合运用法律赋予的手段全面履行检察职责，促进"四大检察"融合发展。

四、丰富教育培训和岗位练兵方式

即墨区人民检察院开办"墨检大讲堂"，邀请院校专家教授、上级领导和本院领导干部、业务骨干等针对当前政治理论、社会治理、法学研究、检察业务等方面的热点、难点和重点内容，结合新时代检察工作新任务新要求，为干警授课。即墨区人民检察院各部门紧密结合自身业务特点，认真组织好各支部"睿课堂""检察官每周一讲"等活动。即墨区人民检察院积极组织干警参加上级院组织的"双十佳睿课堂"评比，并有3个课题成功入选，同时，还要求参加上级脱产业务培训的检察人员在该院进行传导式培训，并将相关情况于培训结束后3日内报政治部。

根据法律职业共同体同堂培训要求，各业务部门根据工作实际，结合不同时点的重点工作和形势任务，适时与法官、检察官、律师等实务专家开展同堂培训、同堂练兵。即墨区人民检察院各部门结合各自工作实际，充分利用观摩庭审、检律模拟对抗、案例研讨等积极开展形式多样的岗位练兵活动，并积极推介干警参加上级各项学习交流、参加比武竞赛、参与课题研究、担负重要任务，以赛促学，以赛促练，实现发现人才、增进交流、锻炼队伍的目的。

即墨区人民检察院建立同堂培训机制，开展研学和实务交流，强化素能提升。2022—2023年，即墨区人民检察院共组织开展公检法同堂培训7次，通过"同上一堂课、同研一部法、同办一个案"，推动统一司法理念和办案尺度，还派员为区公安分局开展专题业务培训9次，针对办案中发现的案件定性、法律适用等实体问题，以及侦查取证过程中容易出现的程序瑕疵进行授课分析，同步提升执法司法能力。

结　语

2023 年 2 月，习近平总书记在学习贯彻党的二十大精神研讨班开班式上强调，推进中国式现代化是一个探索性事业，还有许多未知领域，需要我们在实践中去大胆探索，通过改革创新来推动事业发展，决不能刻舟求剑、守株待兔。2023 年 5 月，最高人民检察院党组理论学习中心组（扩大）学习暨主题教育专题辅导报告会指出，检察机关要更加自觉在中国式现代化中思考、谋划和推动工作，找准检察履职的切入点和着力点，切实以检察工作现代化融入政法工作现代化、服务中国式现代化。以此为指引，作为检察事业发展基础的基层检察院，必须坚持守正创新，才能准确适应检察工作迈向现代化的新形势、新任务，更好把握检察工作现代化的本质要求。

即墨区人民检察院紧紧围绕"以检察工作现代化服务中国式现代化"这一目标，以刑事检察工作为切入点，从理念、体系、机制、能力现代化等方面为刑事检察工作现代化提供了可推广、可借鉴的基层样本。在新时代新征程上，即墨区人民检察院将紧贴基层刑事检察工作实际，不断总结工作经验、提炼工作亮点、创新工作思路，以更强担当、更高标准打造基层检察实践样本，推动基层检察工作高质量发展，在深化创新能动履职中奋力谱写检察工作现代化的即墨新篇章。

附录一 "一站式"刑事诉讼工作文件

青岛市即墨区人民检察院
刑事案件繁简分流操作指引

为贯彻落实修订后刑事诉讼法,推进轻罪治理,缩短办案周期,提升工作效率,确保认罪认罚从宽制度正确有效实施,根据法律、司法解释及有关规定,结合本院办理认罪认罚案件的经验,以认罪认罚案件为基础,对案件进行繁简分流,制定本操作指引。

第一章 总 则

第一条【真实自愿】 保障犯罪嫌疑人、被告人按照自己真实意愿选择认罪认罚,确保认罪认罚的真实性、自愿性。

第二条【权利保障】 保障犯罪嫌疑人、被告人因适用认罪认罚而获得的知情权、法律帮助权、程序选择权等各项诉讼权利。审查起诉阶段有被害人的案件应当听取被害人意见。

第三条【实体从宽、程序从简】 办理认罪认罚案件,坚持实体从宽、程序从简原则。

第四条【专业化办理】 对第一、二检察部的人员进行专业化分组,其中第一检察部配备简案组、普通组、繁案组;第二检察部配备简案组、未检组、繁案组,具体分工如下:

第一检察部驻交警大队简案组配备员额检察官二名,书记员二名；

　　第一检察部驻院简案组配备员额检察官三名，检察官助理二名，书记员二名；

　　第二检察部简案组配备员额检察官一名，检察官助理二名；

　　第一检察部普通组配备员额检察官二名，检察官助理一名，书记员二名；

　　第二检察部未检组配备员额检察官一名，书记员一名；

　　第一检察部繁案组配备员额检察官三名，书记员三名；

　　第二检察部繁案办案组配备员额检察官二名，检察官助理一名，书记员二名。

　　第五条【简案优办】人民检察院办理简案，应当做好矛盾化解、刑事和解、追赃挽损等工作，在确保办案质量的前提下简化工作流程，提高办案效率，促进社会治理，实现质量、效率和效果的有机统一。

　　第六条【繁案精办】人民检察院办理繁案，应当做到全面侦查、精细审查、深入研究、充分沟通，尽可能将证据收集、事实认定、法律适用等争议问题解决在诉讼前端，精确适用法律、精准打击犯罪，实现办案效果最大化。

　　第七条【简案组案件类型】简案组主要办理事实清楚，证据确实、充分，犯罪嫌疑人、被告人认罪认罚，可能判处三年有期徒刑以下刑罚的轻罪案件。

　　第一检察部驻交警大队简案组办理危险驾驶案件、交通肇事案件；第一检察部驻一站式办案区简案组办理事实清楚，证据确实、充分的故意伤害、盗窃、毁财等轻微刑事案件，或侦查机关建议适用速裁程序的轻微刑事案件。

　　第二检察部驻院简案组办理事实清楚，证据确实、充分，犯罪嫌疑人、被告人认罪认罚，可能判处三年有期徒刑以下刑罚的轻罪案件，主要为帮助信息网络犯罪活动罪案件。

对于多人实施的共同犯罪案件，或者涉嫌多个罪名、多笔事实的犯罪案件，如案件事实清楚，证据确实、充分，经捕前诉前协商后，可以纳入简案范围。

第八条【普通组案件类型】普通组主要办理黄赌毒案件、寻衅滋事案件，盲、聋、哑人或者尚未完全丧失辨认或控制自己行为能力的精神病人等特殊人群犯罪案件等。

第九条【繁案组案件类型】繁案组坚持"繁案精办"原则，主要办理对证据采信、事实认定、法律适用、量刑意见和办案程序存在争议的案件；舆论关注的敏感案件及其他有重大社会影响的案件；有涉法涉诉信访风险的案件；有组织犯罪案件；涉众型案件；危害国家安全案件；复杂的新类型案件；上级交办的重大案件及其他有特殊办案要求的案件。

第一检察部繁案组主要办理涉黑涉恶、诈骗、强奸、强制猥亵、故意杀人、故意伤害致人死亡、污染环境、危害国家安全、涉信访舆情等案件。

第二检察部繁案组主要办理职务犯罪案件，严重破坏社会主义市场经济秩序犯罪案件，跨区域实施的涉众型犯罪或者案情复杂的网络犯罪、跨境犯罪案件。

第十条【未检组案件类型】未检组专门办理涉未成年人犯罪案件。对于涉未成年人刑事案件，符合第七条规定的，可以纳入简案范围，在符合刑事诉诉法的规定办案程序的前提下按照简案办案组的相关文书标准、程序等进行从快办理。

第十一条【办案程序】简案组原则上全部适用速裁程序办理；繁案组适用普通程序办理；未检组严格按照刑事诉讼法的规定进行办理。

第十二条【侦查分流】案件侦查终结拟移送起诉的，公安机关办案部门应当根据即墨区公安分局、检察院会签的《即墨区刑事案件捕前诉前研究会商工作意见》，与案卷材料一同移送预审检察官审核。

第十三条【审前分流】 对没有犯罪事实或符合刑事诉讼法第十六条规定不追究刑事责任的，公安机关应当撤销案件，人民检察院应当作出不逮捕、不起诉决定。

对于犯罪情节轻微，依照法律不需要判处刑罚或者免予刑事处罚的，人民检察院应当结合认罪认罚、赔偿谅解、矛盾化解、社会调查、公开听证等情况，可以依法作出不起诉决定。

对于犯罪事实不清，证据不足的，人民检察院应当依法作出不起诉决定。

第二章　简案组办案流程

第一节　案件受理

第十四条【相对集中】 办理认罪认罚案件，侦查机关将案件集中移送起诉并在卷宗封面加盖建议适用速裁程序的印章，人民检察院集中告知、讯问犯罪嫌疑人，集中听取值班律师意见，集中向人民法院移送，集中开庭。

第十五条【优先受理】 人民检察院对于侦查机关建议适用速裁程序的案件，应当优先审查、受理，并于当日将卷宗材料移交承办检察官。

第十六条【社会调查前置】 侦查机关对非羁押的速裁程序案件，应当在侦查阶段委托司法局进行社会调查评估，并将相关反馈文书在移送起诉时随案移送。

第十七条【刑拘直诉】 对于可能判处有期徒刑一年以下的危险驾驶、轻微盗窃等适用速裁程序的案件，侦查机关可以在刑事拘留期限内直接移送起诉，人民检察院在刑事拘留期限内提起公诉。

第二节 权利义务告知及律师帮助

第十八条【一单式告知】 简案组适用速裁程序办理的案件，人民检察院可以将审查起诉期限告知书、委托辩护人告知书、权利义务告知书、认罪认罚从宽程序事项告知书等文书，合并为一份告知文书，并在受案之日起三日内告知。

第十九条【集中告知讯问】 简案组适用速裁程序办理的案件，人民检察院依托"一站式"办案中心，可以实行集中告知、讯问犯罪嫌疑人。告知、讯问犯罪嫌疑人且犯罪嫌疑人表示认罪认罚后，值班律师集中约见犯罪嫌疑人，为犯罪嫌疑人提供法律帮助。检察官集中听取值班律师意见。

第二十条【值班律师】 派驻"一站式"办案中心的值班律师，为未被羁押的认罪认罚犯罪嫌疑人、被告人提供法律帮助。派驻检察院的值班律师，为被羁押的认罪认罚的犯罪嫌疑人、被告人提供法律帮助。

犯罪嫌疑人、被告人拒绝法律帮助的，应当记录在案并附卷。

第二十一条【值班律师的权利】 值班律师可以参照刑事诉讼法的规定，持法律援助机构开具的公函，会见犯罪嫌疑人，查阅、摘抄、复制卷宗，案件管理部门应当提供便利。

第三节 审查案件

第二十二条【程序流转】 简案组承办检察官在审查案件过程中发现下列情形之一的，提请部门负责人召开员额检察官联席会议决定是否转入普通组、繁案组适用普通程序办理：

（一）犯罪嫌疑人、被告人翻供的；

（二）证据发生变化，可能影响定罪量刑的；

（三）发现可能遗漏罪行或者遗漏罪犯的；

（四）辩护人提出无罪辩护或者对指控的犯罪事实提出实

质性异议的；

（五）其他不宜适用速裁程序的。

犯罪嫌疑人或辩护人申请适用速裁程序办理的，承办检察官应当及时进行审查，并将结果告知申请人。

第二十三条【听取律师意见】在审查起诉过程中，应当就下列事项听取辩护人或值班律师的意见：

（一）指控的罪名及适用的法律条款；

（二）从轻、减轻或免除处罚等从宽处罚的建议；

（三）是否同意适用认罪认罚速裁程序；

（四）其他需要听取意见的情形。

第二十四条【文书简化】简案组适用速裁程序办理的案件，可以简化制作审查报告，系统内只需入卷犯罪嫌疑人一单式告知书、被害人一单式告知书、讯问笔录、询问笔录、认罪认罚具结书及审查报告。

第二十五条【审查起诉期限】驻交警大队简案组办理的速裁案件，一般应当在受理案件后五日内审结；其他简案组办理的速裁案件，一般应当在受理案件后十日内审结。

第二十六条【签字具结】犯罪嫌疑人、被告人同意量刑建议及适用程序的，应当在值班律师或辩护人在场的情况下签署认罪认罚具结书。

值班律师或辩护人应当向犯罪嫌疑人、被告人核实其认罪认罚的自愿性、真实性，并说明适用该程序可能导致的法律后果，保障犯罪嫌疑人、被告人的程序选择权。

犯罪嫌疑人、被告人签署具结书，可以与告知权利义务、讯问犯罪嫌疑人一并进行。

第四节 提起公诉

第二十七条【文书简化】简案组适用速裁程序办理的案件，简化制作起诉书，在起诉书中省略诉讼过程及证据列举，可以不制作量刑建议理由说明书；出庭公诉阶段可以不制作出庭预案、出庭笔录、公诉意见书。

第二十八条 【量刑建议】 提出量刑建议的，应当包括主刑、附加刑，并明确刑罚执行方式。

第二十九条 【提起公诉】 决定起诉并建议人民法院适用速裁程序的，在提起公诉时，连同全案证据材料、起诉书、具结书等材料一并移送人民法院。

第三十条 【集中移送、开庭】 提起公诉的速裁程序案件，可以集中移送人民法院，人民法院可以集中开庭。

第三十一条 【出庭公诉人值班制度】 人民法院集中开庭的速裁案件，人民检察院可以指派一名公诉人出庭。

第三十二条 【庭审简化】 适用速裁程序审理的案件，公诉人出庭时不配备书记员。

公诉人在出席法庭时，简要宣读起诉书指控的犯罪事实、适用法律及量刑建议，一般不进行法庭调查和法庭辩论。

第五节　程序回转

第三十三条 【开庭环节具结撤回】 在开庭时被告人提出撤回认罪认罚具结的，公诉人应视情况作出以下处理：

（一）被告人认罪，但对量刑建议有意见的，公诉人应当充分听取被告人撤回的理由，考虑是否采纳被告人对量刑的异议。被告人提出量刑异议依法有据或者因证据发生变化，确有更改必要的，公诉人可以当庭对量刑建议予以修改。被告人提出量刑异议依法无据且无变更必要的，应当建议法院依法判决。

（二）被告人当庭翻供，否认控罪的，公诉人应当在听取被告人的辩解后建议法庭休庭，将案件变更为普通程序，待查清相关事实后择日重新开庭。

第三十四条 【庭审环节具结启动】 对于在审查起诉环节不认罪认罚或者撤回了认罪认罚具结，但在庭审环节认罪认罚的，承办检察官应视情况作出以下处理：

（一）庭审中提出认罪认罚的，公诉人应当将认罪情况记录在案，并当庭发表调整后的量刑建议。

对于法庭调查、法庭辩论已经结束，被告人才提出认罪认罚的，一般不应当启动认罪认罚程序。

（二）被告人在审查起诉阶段曾认罪认罚又撤回认罪认罚具结，在庭审阶段再次提出认罪认罚的，一般应当适用认罪认罚。量刑建议按照审判阶段认罪认罚执行。

第六节 "一站式"办案中心设置

第三十五条【机构设置】"一站式"速裁程序是指依托公安机关执法办案管理中心、交警大队肇事科，对于适用刑拘直诉和非羁押强制措施的速裁案件，公安机关、人民检察院、人民法院"一站式"快速办理移送起诉、审查起诉和审判工作。

人民检察院在公安机关设立侦查监督与协作配合办公室，人民法院设立速裁法庭，对简案组适用速裁程序办理的案件相对集中移送起诉、提起公诉、开庭审判，进行快速办理。公安机关应提供必要的办公场所、警力协助。

第三十六条【刑拘直诉办理时间】公安机关对适用速裁程序刑拘直诉的案件，刑事拘留期限为七日的，在三日内直接移送人民检察院审查起诉；刑事拘留期限为三十日的，在十五日内直接移送人民检察院审查起诉。

第三十七条【提前介入】对于公安机关主动商请提前介入的案件，派驻检察官应当提前介入，对侦查取证工作提出检察官意见，提升案件办案质量。

检察官可以采用下列方式介入侦查活动：

（一）听取案情介绍，了解案件的发、破案情况和案件相关背景；

（二）查阅侦查卷宗材料；

（三）查看讯问、询问过程的同步录音录像；必要时，可旁听侦查人员对犯罪嫌疑人的讯问及对被害人和证人的询问；

（四）参与侦查机关的现场勘查、检验、侦查实验等活动；

（五）参与案件讨论；

（六）其他介入方式。

公安机关在侦查案件过程中，可以就案件的侦查取证、法律适用等问题向派驻的检察官进行咨询；检察官应积极对案件的侦查和法律适用提供咨询意见。

第三十八条【集中开庭】适用速裁程序的案件，人民法院可以集中开庭，逐案审理，集中当庭宣判。公安机关、司法行政机关应采取相关措施，保证采取非羁押强制措施的犯罪嫌疑人出庭接受审判。

第三章 普通组、繁案组办案流程

第三十九条【文书简化】普通组、繁案组办理的案件，实行"一单式告知"，对于犯罪嫌疑人认罪认罚且案件事实清楚，证据确实、充分的案件，参照速裁程序简化制作告知文书。

第四十条【审查起诉期限】对于普通组办理的案件，应当在受理案件后一个月内作出是否提起公诉的决定并将案件移送至法院。

第四十一条【辩护人作无罪辩护】对犯罪嫌疑人认罪认罚，辩护人作无罪辩护的，应当在审查报告中对无罪意见进行分析论证，必要时提请检察官联席会议讨论。

第四十二条【共同犯罪和上下游犯罪】共同犯罪和上下游犯罪案件中部分犯罪嫌疑人、被告人认罪认罚的，对认罪认罚的犯罪嫌疑人、被告人可以进行简化审理，从宽处罚。

第四十三条【特殊制度】在参照速裁程序进行简化过程中，下列特殊制度不省略：

（一）办理未成年人案件，侦查机关在侦查期间应当同步进行社会调查。

（二）办理未成年人案件，要告知未成年人犯罪嫌疑人、被告人的特殊权利义务；未成年被告人签署具结书时，律师和法定代理人应当同时在场。

（三）附带民事诉讼或者准备提起附带民事诉讼的案件，未达成调解或者和解协议的，庭审中的赔偿问题不简化，其他参照速裁程序简化，在量刑时将未达成调解或者和解协议作为酌定从重量刑情节。

第四十四条【出庭公诉】 对可能判处三年以下有期徒刑的认罪认罚案件，庭审参照速裁程序简化。公诉人出庭时，可以不配备书记员；可以简要宣读起诉书，根据案件情况，可以不进行法庭调查；但未成年人案件，法庭教育不省略。

第四十五条【三年以上十年以下有期徒刑认罪认罚案件的简化】 可能判处三年以上十年以下有期徒刑的认罪认罚案件，办案流程参照速裁程序适度简化：

（一）可以简化制作审查报告；

（二）可以简化制作出庭预案；

（三）公诉人在庭审过程中可以简要宣读起诉书；可以不再讯问被告人或简要讯问；可以归纳出示全案证据或仅就证据的名称及所证明事项作出说明；对控辩双方有异议，或者法庭认为有必要调查核实的证据，应当出示，并进行质证；

（四）可以进行法庭辩论，公诉意见可以直接阐明构成何种犯罪、具备的法定酌定量刑情节以及量刑意见。

第四章 认罪认罚不起诉程序

第四十六条【审批权限】 简案组办理的认罪认罚案件，作相对不起诉时，由检察长授权分管检察长审批决定。

符合危险驾驶罪速裁程序认罪认罚案件作相对不起诉时，由分管检察长主持员额联席会并审批决定。

第四十七条【告知不起诉结果】简案组办理的认罪认罚案件，符合相对不起诉条件的，作具结书时，应当告知犯罪嫌疑人可能作不起诉处理。

轻微刑事案件调解工作实施办法

为贯彻中央全面深化改革委员会《关于加强诉源治理推动矛盾纠纷源头化解的意见》有关精神，化解社会矛盾，保障认罪认罚从宽制度及刑事速裁工作顺利推进，根据《中华人民共和国民事诉讼法》《中华人民共和国刑事诉讼法》等规定，建立轻微刑事案件人民调解员参与调解机制，特制定本办法。

第一章 总 则

第一条【基本内涵】 指区公安分局、区检察院、区法院在办理刑事案件过程中，将司法办案与预防化解社会矛盾相融合，与区司法局加强协作，以人民调解为主导，区公安分局、区检察院、区法院共同参与的调解模式，共同促进当事人就案件中的民事责任和解息诉，妥善有效化解社会矛盾，促进社会和谐稳定。

第二条【基本原则】 调解工作应当遵循自愿、合法、公正、实效原则。

（一）自愿。邀请人民调解员进行调解工作必须充分尊重相关当事人的意愿，不得违背当事人的意愿强制进行，及时征询当事人是否愿意由人民调解组织调处纠纷，同时告知申请调解的权利、方法以及达成调解案件的处理方式，并将以上内容记录在案。

（二）合法。人民调解员应当依照有关法律法规开展调解工作，公安机关、检察机关应当依法运用调解结果处理相关案件，不得损害国家利益或者社会公共利益以及其他公民的合法权益，不得违反法律和社会公德。

（三）公正。人民调解员应当从案件的实际情况出发，客观、全面地查明案件事实，依法确认当事人的权利义务关系、法律责任，确保公正地办理案件。

（四）实效。人民调解员既要解决法律纠纷，又要解决相关当事人合理诉求，实现法律效果与政治效果、社会效果的有机统一。

第三条【适用范围】因民间纠纷引起，涉嫌刑法分则第四、五章规定的犯罪案件，可能判处三年有期徒刑以下刑罚的；除渎职犯罪以外的可能判处七年有期徒刑以下刑罚的过失犯罪案件。

第四条【机构设置】司法行政机关指导人民调解委员会在即墨区一站式执法办案管理中心设置人民调解工作室，用于开展调解工作。

第二章　人民调解员聘任

第五条【选任范围】选聘人民调解员时优先考虑符合条件的退休检察官、法官、民警和其他具有法律工作经验的人员，建立人民调解员人才库，承担调解工作。

第六条【选任条件】人民调解员应具备下列条件：

（一）政治立场坚定，政治素质过硬；

（二）身心健康，具有良好道德品质，热心于刑事案件调解工作；

（三）在本地有固定居所的常住人员；

（四）熟悉相关法律常识和相关知识，具有较强的沟通协调和语言表达能力；

（五）具有高中以上文化程度；

（六）具有一定的工作经历和社会阅历。

第七条【选任限制】有下列情形之一的，不得担任人民调解员：

（一）刑罚尚未执行完毕或者处于缓刑、假释考验期间的；

（二）依法被剥夺、限制人身自由的；

（三）无行为能力或者限制行为能力的；

（四）其他不适宜担任人民调解员的情形。

第八条【权利义务】人民调解员享有下列权利：

（一）向办案机关了解基本案情、双方当事人家庭情况、调解意愿以及其他与案件有关的情况；

（二）法律法规规定的其他权利。

人民调解员应当履行下列义务：

（一）接到人民调解工作室通知后持有效证件及时组织调解；

（二）向双方当事人表明自己的身份和承担的职责；

（三）保守案件秘密，不得泄露案情或者当事人的个人信息；

（四）发现本人与案件存在利害关系或者其他不宜担任人民调解员的情况后，应当及时告知办案机关及人民调解工作室；

（五）法律法规规定的其他义务。

第九条【统一管理】人民调解工作室管理日常工作，负责对聘任的人民调解员进行管理、登记造册，刑事案件调解程序衔接、案件登记，人民调解员监督考核培训等具体工作。

第十条【聘任程序】对于符合本规定确定的人民调解员资格的，由其相关单位报请，四部门审查后联合聘任，颁发聘任证书及工作证，聘任期两年。聘任期结束后，可根据工作需要进行续聘或调整。

第三章　工作流程

第十一条【调解工作受理和启动】

对于当事人同意进行调解的案件，侦查机关在案件基本的犯罪事实和证据查清后，移送起诉十五日前应当提交人民调解工作室进行调解；检察院受理审查逮捕、审查起诉案件后一般应当在三日内提交人民调解工作室进行调解；法院受理案件后、开庭前，一般应当提交人民调解工作室进行调解。

被害人死亡的，其法定代理人、近亲属可以与犯罪嫌疑人、被告人进行调解；被害人系无行为能力或者限制行为能力的人，其法定代理人可以代为调解。犯罪嫌疑人、被告人系限制行为能力人的，其法定代理人可以代为调解；犯罪嫌疑人、被告人在押的，经犯罪嫌疑人、被告人同意，其法定代理人、近亲属可以代为调解。

办案人员及时将相关文书移送人民调解员，并与人民调解员确认纠纷是否适宜通过人民调解方式解决。

经人民调解员确认适宜通过人民调解方式解决的，应当将人民调解员的姓名、联系方式及调解地点及时通知当事人。

第十二条【调解和终止】

人民调解员接收案件材料后及时组织调解，必要时在征得当事人同意后，人民调解员可申请办案机关工作人员，被害人、犯罪嫌疑人、被告人所在单位的领导与同事或所在社区居民委员会（村民委员会）代表，人大代表、政协委员、人民监督员、专家咨询委员或值班律师等第三方代表参与调解工作。

人民调解员进行调解，一般在十日内调处完毕，可视情延长五日；适用速裁程序的案件，应当在五日内调处完毕；审查逮捕的案件，应当在审查逮捕期限内调处完毕。

人民调解员应当在协商确定的调解时限内完成调解工作。经调解达成调解协议的，由人民调解员组织制作调解协议书，并由各方当事人签字捺印、人民调解员签名。调解协议书副本送交办案机关附卷保存。

在调解时限内未达成调解的，由人民调解员出具《终止调解程序意见书》，送交办案机关存档。

第十三条【达成调解协议案件的处理】

调解协议达成后，双方当事人应在承诺的期限内履行协议，由人民调解组织和办案部门共同督促落实。

办案部门应当依法对调解的自愿性、合法性进行审查。审查时，可以听取双方当事人和其他有关人员对调解的意见，告知达成调解协议的法律后果，并记录在案。

对于达成调解协议的刑事案件，办案部门经审查认为协议符合自愿原则，不违反法律规定，不损害国家利益、社会公共利益和他人合法权益，不违背社会公德的，可以进行如下处理：在公安机关侦查阶段达成调解、符合撤案条件的，作撤案处理；在检察院审查逮捕、审查起诉阶段达成调解并符合不批准逮捕、相对不起诉条件的，依法作不批准逮捕、相对不起诉处理；在法院审判阶段达成调解，符合判处缓刑、免予刑事处罚条件的，依法对被告人判处缓刑、免予刑事处罚。

有证据证实犯罪嫌疑人、被告人或其亲友等以暴力、威胁、欺骗或者其他方法强迫、引诱被害人进行调解，或在协议履行完毕之后威胁、报复被害人的，应当认定调解协议无效。

第四章 附 则

第十四条【加强监督】办案机关、案件当事人发现人民调解员有滥用权利、违背义务或怠于行使权利的情形的，应予以制止，并通过人民调解工作室通报区公安分局、检察院、法院、司法局。必要时，可以提请更换人民调解员。

第十五条【定期会商】区公安分局、检察院、法院、司法局应当建立定期会商制度，加强沟通协商，及时解决工作中发现的问题和困难，总结经验，不断完善人民调解机制。

第十六条【考评及培训】人民调解工作室应当每年对人民

调解员参与刑事诉讼的工作情况进行考评,并开展培训工作。对于考评不合格或申请退出的人民调解员,由四部门核准后解聘。

附录二 服务标准化工作
相关文件及附图

标准化管理规定

1 范围

本文件规定了青岛市即墨区人民检察院（以下简称"即墨区人民检察院"）标准化管理的职责与组织机构、标准体系、标准化培训工作、标准的制定、修订与实施以及自我评价。

本文件适用于即墨区人民检察院标准化管理工作。

2 规范性引用文件

下列文件中的内容通过文中的规范性引用而构成本文件必不可少的条款。其中，注日期的引用文件，仅该日期对应的版本适用于本文件；不注日期的引用文件，其最新版本（包括所有的修改单）适用于本文件。

GB/T 1.1 标准化工作导则 第 1 部分：标准化文件的结构和起草规则

GB/T 24421.1 服务业组织标准化工作指南 第 1 部分：基本要求

GB/T 24421.2 服务业组织标准化工作指南 第 2 部分：标准体系

GB/T 24421.3 服务业组织标准化工作指南　第3部分：标准编写

GB/T 24421.4 服务业组织标准化工作指南　第4部分：标准实施及评价

3　术语和定义

3.1　标准

为在一定范围内获得最佳秩序，经协商一致制定并由公认机构批准，共同使用的和重复使用的一种规范性文件。

注：标准宜以科学/技术和经验的综合成果为基础，以促进最佳的共同效益为目的。

3.2　标准化

为在一定范围内获得最佳秩序，对现实问题或潜在问题制定共同使用和重复使用的条款的活动。

注：上述活动主要包括编制、发布和实施标准的过程。

3.3　标准体系

标准按其内在联系形成的科学的有机整体。

3.4　标准体系表

标准体系的标准按一定形式排列起来的图表。

3.5　服务通用基础标准

在服务方面被普遍使用，具有广泛指导意义的规范性文件。

3.6　服务保障标准

为支撑服务有效提供而制定的规范性文件。

3.7　服务提供标准

为满足服务需要，规范服务提供方与消费方之间直接或间接接触活动过程的规范性文件。

3.8 标准的制定和实施

制定和实施标准就是对需要制定的项目编制计划，组织起草，审核、编号和发布并将标准应用到服务和管理工作中的活动。

4 职责与组织机构

4.1 职责

检察业务管理部是标准化工作的归口管理部门，负责本文件的制定、修改和实施监督。

4.2 组织机构

设立以即墨区人民检察院检察长为组长的标准化领导小组，全面负责标准化工作。标准化领导小组由即墨区人民检察院副检察长为副组长，以及其他科室负责人组成。

4.3 标准化组织的职责

标准化领导小组的职责包括：

a）贯彻国家有关标准化工作的法律、法规、方针、政策、规章和强制性标准；

b）审批即墨区人民检察院标准化工作规划、计划；

c）组织建立标准体系，审批标准和标准体系；

d）组织制定并落实即墨区人民检察院标准化工作任务和指标，编制标准规划、计划；

e）建立和实施标准体系，编制标准体系表；

f）组织制定、修订标准；

g）组织实施纳入标准体系的有关国家、行业、地方标准和即墨区人民检察院标准，并组织对标准实施情况进行监督检查，组织标准体系的自我评价；

h）组织即墨区人民检察院的标准化培训，归口管理各类标准文件，建立标准资料档案，搜集国内外标准化信息。

4.4　标准化工作人员要求

标准化工作人员应满足以下要求：

a）熟悉并能认真执行国家有关标准化的方针、政策和法律、法规及规章；

b）具备从事标准化工作所需要的标准化知识、专业知识和工作技能；

c）熟悉即墨区人民检察院的工作范围、工作内容。

5　即墨区人民检察院标准体系

5.1　标准体系建立原则

5.1.1　即墨区人民检察院标准体系按照 GB/T 24421（所有部分）的要求建立，并加以实施，对体系实施情况进行监视，持续评审和改进其有效性，使即墨区人民检察院业务及日常管理达到最佳秩序，获得最大效益。

5.1.2　即墨区人民检察院标准体系应满足各项管理的需要，即墨区人民检察院标准体系是其他各管理体系的基础，将其他管理体系纳入标准管理体系中，形成有机的一体化管理，促进即墨区人民检察院形成一套完整、协调配合、自我完善的管理体系和运行机制。

5.1.3　即墨区人民检察院标准体系内的所有标准都应在本单位方针、目标和有关标准化法律的指导下形成，包括贯彻、采用的上级标准和本单位制定的标准。

5.2　标准体系的组成

即墨区人民检察院标准体系由以下五个文件组成：

a）组织结构图；

b）标准体系结构图，见附图一；

c）标准明细表；

d）标准统计表；

e）标准体系表编制说明。

5.3 子体系代码及标准编号

5.3.1 为便于管理和识别，应将企业标准体系表结构图中每一个子体系及每一个标准都编上代码，以区分子体系及各标准在标准体系表中的具体位置。其中，服务通用基础标准用JC、服务保障标准用BZ、服务提供标准用TG分别表示。

5.3.2 标准体系代码编制规则如下：

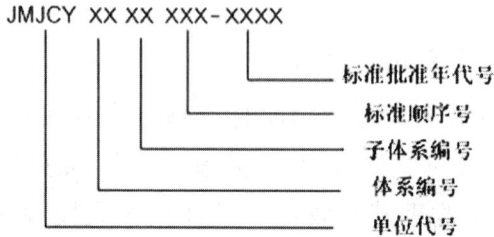

示例：JMJCY JC01 001 - 2021 表示即墨区人民检察院服务通用基础标准中第一部分的第 1 个标准，2021 年编制。

5.4 标准体系明细表编制

5.4.1 标准体系明细表格式见附图二。"标准状态"栏注明该标准是"待制定""已实施"或"待修订"，表格使用 Microsoft Excel 表格的格式。

5.4.2 标准体系明细表编制应注意以下事项：

将标准体系明细表中的所有标准，按表中的排列顺序从通用基础标准子体系开始一一列出；

明细表中的标准名称应填写完整；

可以预见到的、将来发展所需要的标准，均应纳入明细表。

5.5　标准体系统计表编制

统计表是根据明细表列出的标准以表格的形式分门别类地做出归纳统计。标准体系统计表格式见附图三。

5.6　标准体系表编制说明

标准体系表编制说明内容包括但不限于：

a）编制体系表的依据及要达到的目标；

b）标准体系表编制过程；

c）标准体系内容介绍；

d）结合统计表，明确今后的主攻方向。

6　标准化培训工作

6.1　职责

即墨区人民检察院检察办公室是培训工作的牵头科室，在培训方面主要进行以下工作：

a）年度培训计划的制定及监督实施，培训所需预算的落实；

b）组织新员工上岗前的基础教育；

c）对培训效果进行评估；

d）对领导层、中层管理人员进行标准体系、标准化方面的培训。

6.2　培训内容

6.2.1　标准化知识、标准体系、标准化管理办法、自我评价、法律法规等。

6.2.2　对新入职的员工进行标准化知识及标准体系培训教育。

6.3 培训的要求

6.3.1 培训后结合员工能力和绩效进行评价，包括笔试、实际运行结果等来检查培训效果。

6.3.2 培训后考核达不到岗位要求的，应对其再次进行培训并考核，直至其合格后方可上岗。

6.4 培训记录

检察业务管理部收集、保存各种培训记录。

7 标准的制定、修订与实施

7.1 标准制定、修订和实施原则

7.1.1 贯彻国家和地方有关标准化的方针、政策、法律、法规、规章和强制性标准。

7.1.2 标准体系内的标准之间应协调一致。

7.1.3 纳入标准体系的标准都应严格执行。

7.2 标准制定程序

标准制定的程序主要参照国家标准的制定程序，包括：

a）编制计划；

b）收集信息。由标准制定部门负责收集以下信息：

·所制定标准的即墨区人民检察院内外部现状、统计资料、相关数据和发展方向；

·有关所定标准的最新资料；

·各相关方的要求和期望；

·与所制定标准有关的国内外相关标准；

c）起草标准草案；

d）将标准草案连同标准编制说明，发至有关部门征求意见，根据合理性建议进一步修改标准草案，形成标准送审稿；

e）审核。应吸收管理人员和业务受理人员参加审核标准，宜邀请外部专家和服务对象参加；经审核通过的标准初稿，起草者应根据审核意见进行修改，编写"标准报批稿"。审核重点包括：

　　·该标准是否符合或达到预定的目的和要求；

　　·标准是否先进、安全、可行；

　　·与有关法律、法规、强制性标准是否一致；

　　·标准编写格式是否符合 GB/T 1.1 和 GB/T 24421.3 的要求；

　　f）发布。即墨区人民检察院标准由检察长批准、发布，由标准化领导小组编号、发放。

7.3　标准的修订

7.3.1　修订时间

7.3.1.1　当标准规定与即墨区人民检察院实际管理模式存在不适宜的方面时，应对标准进行修订。

7.3.1.2　使用的国家标准、行业标准、地方标准进行了修订时，应对标准进行评审，对标准中与修订后的国家标准、行业标准、地方标准规定不一致的内容进行修订，确保标准的适宜性。

7.3.2　修订权限

　　当发现在用即墨区人民检察院标准存在不适宜的内容时，各科室可以向检察业务管理部提出修订申请，由检察业务管理部依据修订申请的要求进行修订。

7.4　标准的实施

7.4.1　对于体系内所有工作标准，应按照受理渠道，分工到人，确保标准内容在具体工作环节中得到检验，切实落实标准实施。

7.4.2　标准在制定过程中可边制定边实施。

7.4.3 宜以半年为周期，对标准实施情况进行全面总结，特别是对存在的问题采取了哪些措施及取得的效果进行分析和评价，对下一步实施工作提出改进建议，对标准的修订提出意见和建议。

7.5 标准实施的监督检查

标准化领导小组应每月对标准的执行情况进行监督检查，发现未达到标准要求的项目，提出有针对性的整改意见。

8 自我评价

8.1 自我评价的基本条件

8.1.1 已建立标准体系，制定了与标准体系相配套的文件，并由检察长或其授权人批准发布。

8.1.2 标准体系已实施半年以上。

8.1.3 已建立了标准化管理网络，设置了标准化管理机构，配备了专、兼职标准化管理人员。

8.1.4 经过标准体系的培训，相关标准化管理机构和人员明确了企业标准化职责、权限，部门和人员明确了自己的标准化任务。

8.1.5 组建了由检察长或其授权代表同意的标准体系自我评价小组，并选择、培训了一批有能力承担标准体系评价的标准化骨干成员。

8.1.6 制定了标准体系自我评价方案和评价计划，并经检察长或其授权人正式批准，明确了自我评价过程所必需的资源。

8.2 自我评价的原则

8.2.1 系统原则。即应在一定时间间隔内对标准体系的全部要素以及涉及的相关过程部门、单位进行系统的集中或循环评价。

8.2.2 独立原则。评价人员应独立于评价对象，不因利害关系而带有偏见，公正客观地表达评价证据。

8.2.3 能力素养的原则。即评价人员应具备发现证据的基本能力，应坚持评价人员既具备熟悉本专业知识，又具备标准化管理知识，熟悉并掌握 GB/T 24421（所有部分）的要求。

8.2.4 严格纪律的原则。评价工作应遵循诚信、认真、保密、公正和谨慎的原则。

8.3 评价组织及计划

8.3.1 标准化领导小组任命即墨区人民检察院内有资格、有能力的人员担任评价小组成员，并任命评价小组组长，必要时可聘请外部专家。

8.3.2 集中评价每年进行 1 次，且间隔时间不超过 12 个月。每次评价开始时，标准化领导小组负责人制定集中评价计划，由检察长批准后实施。需要安排临时附加评价的，应由标准化领导小组负责人制定计划，由检察长批准后实施。计划内容应包括：

a) 评价的目的和范围；

b) 评价依据；

c) 现场评价活动的日期和地点；

d) 现场评价活动的会议安排。

8.4 自我评价报告

完成现场评价后，评价小组组长召集全体成员会议，对本次评价进行综合分析、汇总、评分、定级建议，确定标准体系不合格报告，并报检察长。

8.4.1 自我评价末次会议

评价小组组长负责召集受评价部门及标准化工作相关人

员，包括评价小组全体成员参加评价末次会议，报告评价结果，包括综述、结论、评分、建议、不合格项以及纠正预防措施的要求等。最后应由受评部门负责人承诺改进的措施及其实现要求。

8.4.2　评价文件和记录

评价小组应在评价末次会议结束后一周内将评价报告、不合格报告单、检查记录表、评分表等全部文件交标准化工作小组。标准化工作小组组长负责在接到文件一周内上报检察长，并分发到各受评部门，同时将不合格项报告分发到各相关部门。

8.4.3　纠正预防措施的实施与跟踪验证

各有关部门在收到标准化工作小组发来的评价不合格报告后，应在一周内分析原因，提出纠正和预防措施，并上报检察长批准后实施。标准化工作小组委派评价小组成员对各受评价部门的纠正预防措施进行跟踪验证。纠正或预防措施的实施、跟踪、验证按制定的纠正预防措施控制程序规定进行。

8.4.4　自我评价的改进

8.4.4.1　标准化工作小组负责对每次自我评价进行监督。

8.4.4.2　评价完成后，标准化工作小组负责人应对评价过程进行评审，并写出总结报告，即对评价安排的合理性，评价资源的充分性，评价结果的准确、可靠性及改进措施的有效性做出评价，对存在问题提出改进建议。

附图一：标准体系结构图

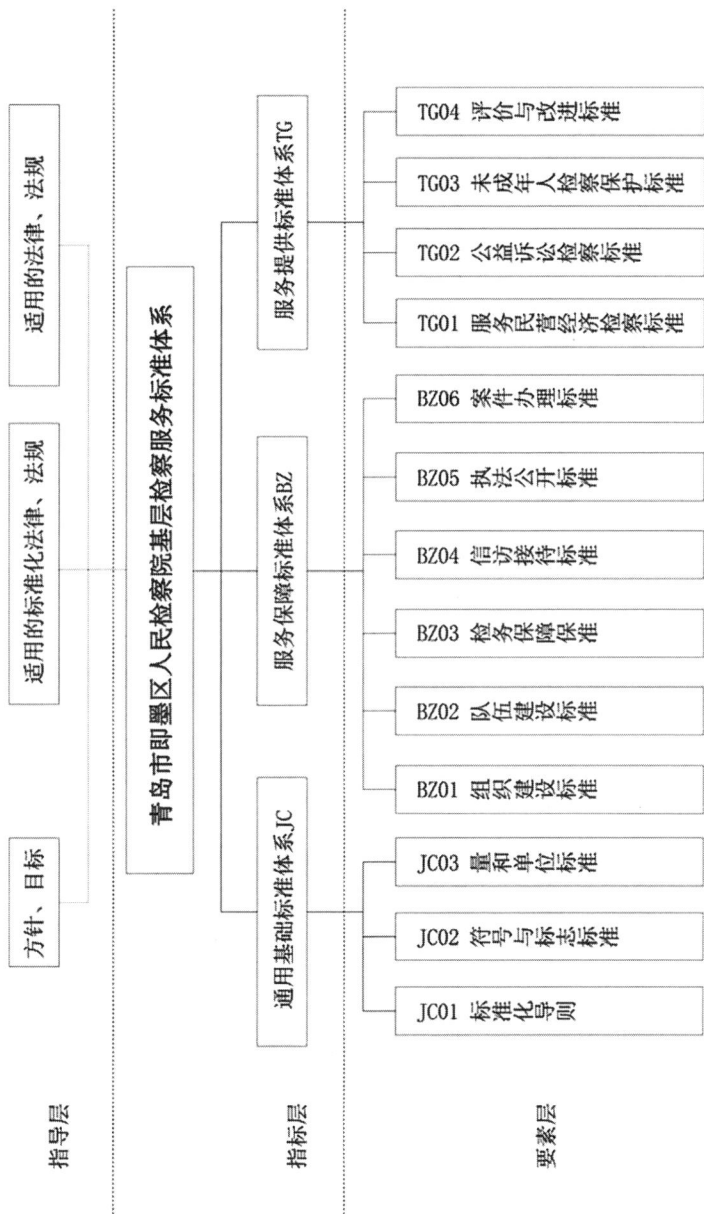

青岛市即墨区人民检察院基层检察服务标准体系

指导层
- 方针、目标
- 适用的标准化法律、法规
- 适用的法律、法规

指标层
- 通用基础标准体系JC
- 服务保障标准体系BZ
- 服务提供标准体系TG

要素层

通用基础标准体系JC
- JC01 标准化导则
- JC02 符号与标志标准
- JC03 量和单位标准

服务保障标准体系BZ
- BZ01 组织建设标准
- BZ02 队伍建设标准
- BZ03 检务保障标准
- BZ04 信访接待标准
- BZ05 执法公开标准
- BZ06 案件办理标准

服务提供标准体系TG
- TG01 服务民营经济检察标准
- TG02 公益诉讼检察标准
- TG03 未成年人检察保护标准
- TG04 评价与改进标准

附图二：标准体系明细表

序号	体系内标准号	标准名称	实施日期	主管部门	标准号	标准状态
1						
2						
3						
4						
5						
6						
7						
8						
9						
10						

附图三：标准体系统计表

标准类别	国家标准	行业标准	地方标准	内部标准	团体标准	小计
通用基础标准						
服务保障标准						
服务提供标准						
合计						

青岛市即墨区人民检察院
涉及民营企业案件办理流程规定

为全面落实上级关于保护民营企业发展的部署要求，尽可能多地集中检察集体智慧，提供标准化的检察履职，依法维护民营企业的合法权益，力争最好的政治效果、法律效果和社会效果，根据本院"五个一律"规定，制定涉及民营企业案件办理流程规定如下：

一、案件适用范围

本规定适用于所有涉及民营企业犯罪案件和民营企业被侵害案件。

二、流程启动规定

自案件承办人受理案件之日起，按照《刑事诉讼法》规定开始推进办案环节时，根据"五个一律"（涉企案件一律向院服务民营经济领导小组办公室报备；涉企案件一律提交检察官联席会讨论；涉企案件一律汇报到分管领导，重要案件一律汇报到检察长；涉企案件有较大影响或分歧的一律提交院服务民营经济领导小组讨论；在本地区有重大影响或重大分歧的一律上报青岛市院民营经济领导小组）规定，随即启动办理程序。

三、办理流程规定

（一）涉企案件一律向院服务民营经济领导小组办公室报备流程。自受理案件进入系统，经初步审查认为是涉及民营企业案件之日起，填报《涉及民营企业案件备案表》一式三份，自留一份、科室存档一份，报民营经济领导小组办公室备案。

（二）涉企案件一律提交检察官联席会讨论流程。承办人在全面审查在卷事实和证据后，提出处置意见后，提报部门负责人组织召开员额检察官（不少于3人）联席会议进行讨论，具体程序如下：1. 承办人汇报案情、证据审查情况；2. 与会员额检察官依次发表个人意见；3. 部门负责人发表意见，并就与会人员意见进行汇总表述；4. 与会人员意见一致时，按照办案权限由员额检察官作出处置决定；意见不一致时，按相关规定报检察长或检委会决定；5. 书记员做好客观记录，与会员额检察官逐一签字留存。

（三）涉企案件一律汇报到分管领导，重要案件一律向检察长汇报流程。1. 重要案件包括：（1）以多种形式危害民营企业正常经营生产的；（2）涉案数额巨大的；（3）在社会上会产生不良影响和舆情的；（4）案情重大、复杂或情节恶劣的；（5）其他可能因存在的风险和隐患造成企业权益严重受损的案件。2. 向分管领导和检察长汇报时，具体事项和程序要求如下：（1）涉案罪名和涉案民营企业；（2）案件事实、证据审查、存在问题以及补充证据等情况；（3）案件风险评估分级情况；（4）主办员额检察官拟办意见和检察官联席会议研究意见；（5）分管领导经审查认为须向检察长汇报时，由分管领导报请检察长同意并听取汇报；（6）汇报案件情况由书记员做好记录存档备查。

（四）涉企案件有较大影响或分歧的一律提交院服务民营经济领导小组讨论流程。1. 较大影响或分歧包括：（1）重要案件类别；（2）当事人双方矛盾容易激化；（3）当地群众较为关注，在本地区易产生较大的社会震动或负面影响；（4）在案件事实、因果关系或适用法律上存在争议分歧。2. 提交院民营经济领导小组讨论时，由分管领导提请检察长组织召开会议，具体事项和程序要求如下：（1）由主办员额检察官汇报以下内容：涉案罪名和涉案民营企业；案件事实、证据审查、存在问题以及补充证据等情况；案件办理风险评估情况；主办员额检察官拟办意见和检察官联席会议讨论意见；（2）由分管领导汇报提交事项，并阐述理由；（3）领导小组成员逐一发表意见；（4）领导小组组长做总结性发言，提出建议性处置意见，必要时提交检委会研究决定；（5）书记员现场做好记录，由领导小组成员签字存档。

（五）在本地区有重大影响或重大分歧的一律上报青岛市院民营经济领导小组相关流程。1. 重大影响或重大分歧包括：（1）涉案数额特别巨大的；（2）案情重大复杂或情节极为恶劣的；（3）当事人双方矛盾极度激化的；（4）可能出现企业职工集体上访、闹事的；（5）当地党委政府和社会极为关注的；（6）在案件事实、因果关系或适用法律上存在重大争议分歧的。2. 上报青岛市院民营经济领导小组汇报时，具体事项和程序要求如下：（1）由分管领导提前对接市院职能部门确定汇报具体时间；（2）分管领导按照约定时间带领部门负责人、主办员额检察官一同到市院汇报，先由员额检察官汇报案情和员额检察官联席会议讨论情况，再由分管领导阐述汇报请示的主要问题、原因以及院领导小组集体研究的建议性意见（或检委会研究意见）；（3）听取市院领导小组参会人员意见建议；（4）回院后第一时间向检察长汇报有关情况。必要时，向检委会汇报，集体研究决定；（5）主办员额检察官对全程进行记录并附案卷备查。

四、案件办理附加规定

以上为常规性案件办理流程，若遇特殊状态（突发公共卫生安全事件、因重大活动实施交通管制等），可减少相关环节或依托智慧检察、电话进行。

案件办理结束后，原则上 10 天内由员额检察官到所涉企业进行走访，听取意见反馈，填写反馈表，记录在案备查。

案件办理结束后，主办员额检察官组织对所办理的典型案件进行总结，参照省院优秀案例标准撰写典型案例（不少于 3 件），报民营经济领导小组办公室汇总。

附图：服务民营经济案件办理流程（闭环式）

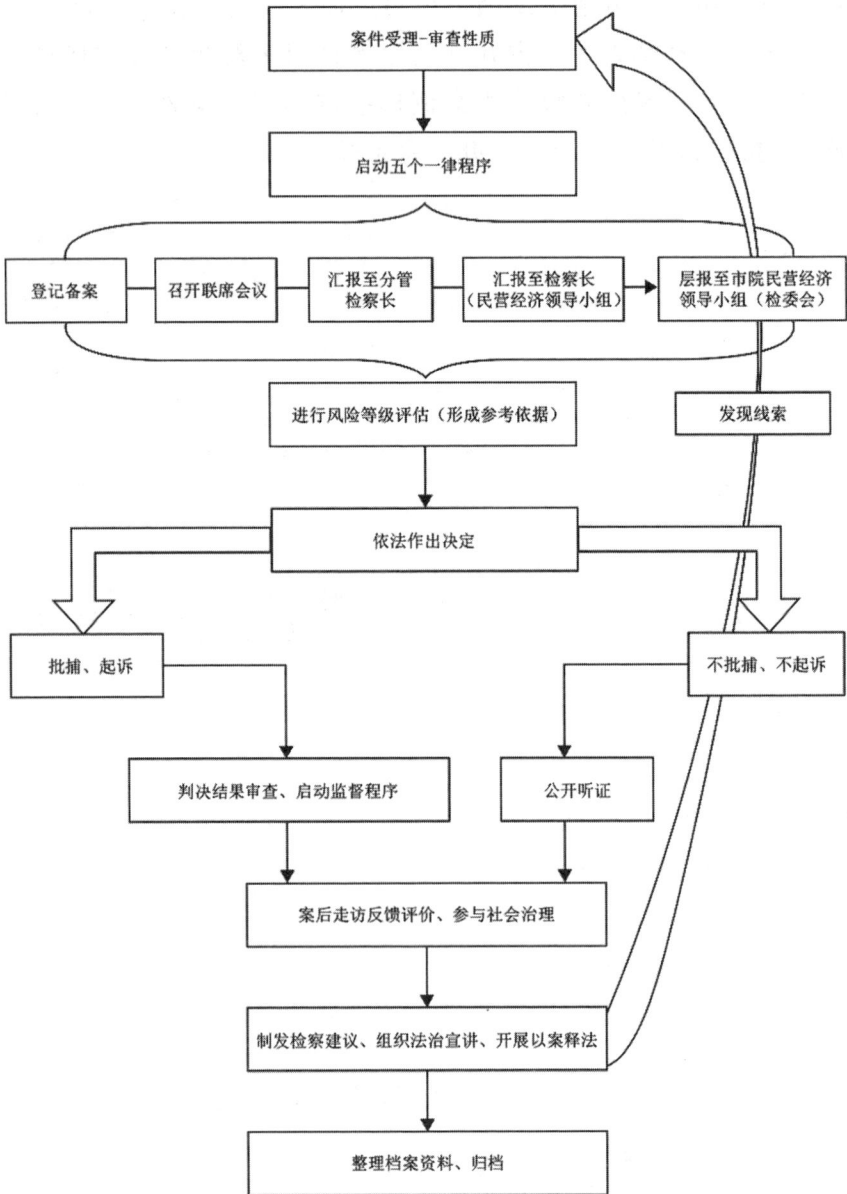

```
                    ┌─────────────────────┐◄──────────┐
                    │   案件受理-审查性质    │           │
                    └──────────┬──────────┘           │
                               │                       │
                    ┌──────────▼──────────┐           │
                    │   启动五个一律程序     │           │
                    └──────────┬──────────┘           │
          ┌─────────┬──────────┼──────────┬────────────┐
  ┌───────▼──┐ ┌────▼─────┐ ┌──▼──────┐ ┌─▼──────────┐ ┌▼──────────────┐
  │ 登记备案 │ │召开联席会议│ │汇报至分管 │ │汇报至检察长  │ │层报至市院民营经济│
  │          │ │          │ │检察长    │ │(民营经济领导 │ │领导小组(检委会) │
  │          │ │          │ │          │ │小组)        │ │                │
  └──────────┘ └──────────┘ └──────────┘ └────────────┘ └───────┬────────┘
                    ┌─────────────────────┐        ┌─────────────┐
                    │进行风险等级评估(形成   │        │   发现线索   │
                    │参考依据)             │        └─────────────┘
                    └──────────┬──────────┘
                    ┌──────────▼──────────┐
            ┌───────┤   依法作出决定        ├───────┐
            │       └─────────────────────┘       │
  ┌─────────▼──┐                        ┌──────────▼──────┐
  │ 批捕、起诉  │                        │  不批捕、不起诉   │
  └─────┬──────┘                        └──────────┬──────┘
        │                                           │
  ┌─────▼──────────────┐            ┌───────────────▼──┐
  │判决结果审查、启动监督程序│            │    公开听证       │
  └─────────┬──────────┘            └───────────────┬──┘
            │                                        │
  ┌─────────▼────────────────────────────────────────┐
  │      案后走访反馈评价、参与社会治理                    │
  └─────────────────────┬────────────────────────────┘
  ┌─────────────────────▼────────────────────────────┐
  │   制发检察建议、组织法治宣讲、开展以案释法              │
  └─────────────────────┬────────────────────────────┘
  ┌─────────────────────▼────────────────────────────┐
  │           整理档案资料、归档                          │
  └───────────────────────────────────────────────────┘
```

青岛市即墨区人民检察院
关于涉民营企业案件实行备案制度的规定

为加大涉民营企业案件的办理力度，切实为区域民营经济发展提供更加优质的检察服务，不断提升检察工作服务大局工作的水平，根据《即墨区人民检察院关于充分发挥检察职能依法服务民营经济高质量发展的实施意见》等文件精神，结合本区域工作情况，制定本规定。

一、适用范围

青岛市即墨区人民检察院办理的所有涉民营企业刑事、民事、行政和公益诉讼案件应当实行备案制度。

二、备案事项

1. 案件是否涉民营企业（企业家）；
2. 犯罪嫌疑人是否在民营企业工作；
3. 被害人是否在民营企业工作；
4. 申请人是否在民营企业工作；
5. 其他相关人员是否在民营企业工作。

三、备案流程

1. 每案一表，由案件受理部门提供表格，随办案环节的变更逐项准确填写相关备案内容。

2. 受案部门在受理案件时，应当请公安机关办案人或相关当事人就备案事项进行准确填写。

3. 案件办理部门按照部门负责人、员额检察官、检察官助理和书记员的顺序，在各经手办理环节就备案事项进行准确填写，完成后报检察业务管理部存档备查。

四、考核评价

1. 各部门负责人为第一责任人，负责本部门备案制度的具体落实。

2. 将涉民营企业案件备案工作情况纳入绩效考核范围，根据落实情况适当加分。

青岛市即墨区人民检察院
附条件不起诉监督考察标准

第一条　为贯彻"教育、感化、挽救"方针和"教育为主、惩罚为辅"的原则，加强对未成年人的司法保护，量化附条件不起诉监督考察评定标准，结合青岛市院、即墨区院附条件不起诉实施细则的相关规定，将积分制纳入附条件不起诉监督考察范畴，制定本标准。

第二条　本标准中的积分制，是指在对被附条件不起诉人监督考察过程中，通过积分的方式，衡量被附条件不起诉人考察帮教效果和合格标准的管理制度。

第三条　积分分为目标积分和获得积分两种。目标积分是指被监督考察人员在监督考察期内需要完成的积分；获得积分是指被监督考察人员在监督考察期内实际完成的积分，分为奖分和扣分，总奖分减去总扣分即为获得积分。

第四条　在附条件不起诉监督考察过程中，被监督考察人员的监督考察期为六个月的，目标积分为 6 分，每增加一个月，目标积分增加 1 分，最高目标积分为 12 分。

第五条　被监督考察人员在规定的监督考察期限内，获得积分达到目标积分的，评定为监督考察合格；被监督考察人员在最长监督考察期限内，获得积分仍未达到目标积分的，评定为监督考察不合格。

第六条　在附条件不起诉监督考察期内，被监督考察人员可通过以下形式获得奖分：

（一）参加考察单位安排的社会公益劳动，积极参与并获得合格评价的，每次得 0.5 分，不参加或评价不合格的不得分；

（二）自发参与社会公益劳动，并获得社会公益组织或者基层党（团）组织书面表彰的，每次得 0.5 分，最高累计 2 分；

（三）获得国家、省、市、区级表彰的，分别得 3 分、2 分、1 分、0.5 分；

（四）撰写的心得体会、读书笔记经考察单位组织人员评定为优秀的，每篇加 0.2 分，最高累计 1 分；

（五）在校生表现突出，获得学校书面表彰的，每次得 0.5 分，最高累计 1 分。

第七条　在附条件不起诉监督考察期内，被监督考察人员有以下情形的，分别扣除相应分数：

（一）违反治安管理规定，未造成严重后果的，每次扣 1 分；

（二）不按照考察机关的规定报告自己的活动情况，脱离监管一个月以上两个月以内的，每次扣 1 分，连续脱管两个月以上或累计脱离监管满三个月的，评定为监督考察不合格；

（三）无正当理由，不按照考察机关的要求接受矫治和教育的，每次扣 1 分；

（四）未成年被监督考察人员进入营业性歌舞娱乐场所、互联网上网服务营业场所，每次扣 1 分；

（五）其他违反考察机关有关附条件不起诉的监督管理规定，未造成严重后果的，每次扣 1 分。

第八条　在附条件不起诉监督考察期内，被监督考察人员提前完成目标积分后，额外获得的积分可用于折抵监督考察期限，每 1 个积分折抵一个月监督考察期，实际执行监督考察期不得少于六个月。

第九条　在附条件不起诉监督考察期内，被监督考察人员未按时完成目标积分的，按照未完成目标积分数，每少 1 个目标积分增加一个月监督考察期，最长增加至十二个月。

第十条 被监督考察人员获得或扣除积分的情况应当由相关单位、组织或部门出具证明材料，并由我院未检部门统一管理、入卷。

第十一条 被监督考察人员获得或扣除积分的决定，应及时告知被监督考察人员。

第十二条 被监督考察人员对获得或扣除积分的决定有异议的，可以在收到通知七日内向我院未检部门申诉。

第十三条 被附条件不起诉人在监督考察期届满后，评定为监督考察合格的，根据《即墨市人民检察院附条件不起诉实施细则（试行）》第二十一条之规定，依法报请检察长或者检察委员会作出不起诉决定。

第十四条 被附条件不起诉人在监督考察期届满后，评定为监督考察不合格的，根据《即墨市人民检察院附条件不起诉实施细则（试行）》第二十五条之规定，依法报请检察长或者检察委员会作出撤销附条件不起诉、提起公诉的决定。

第十五条 被监督考察人员需要开展异地监督考察的，根据《即墨市人民检察院附条件不起诉实施细则（试行）》第十九条之规定实施，适用本标准。

第十六条 本标准自印发之日起施行。

附图1: 未成年人检察工作流程

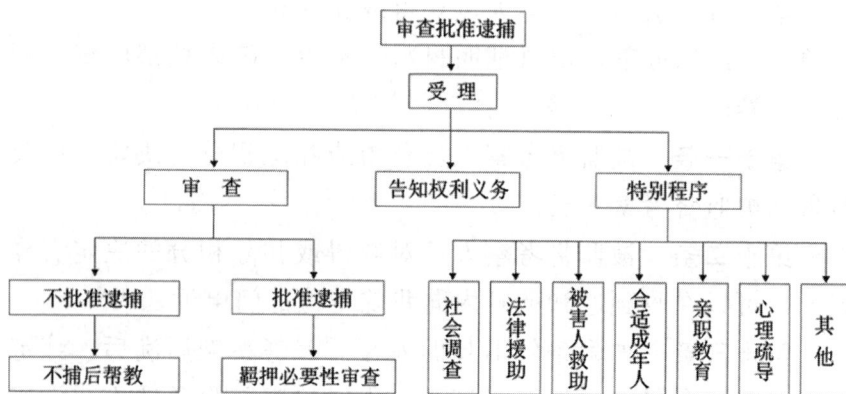

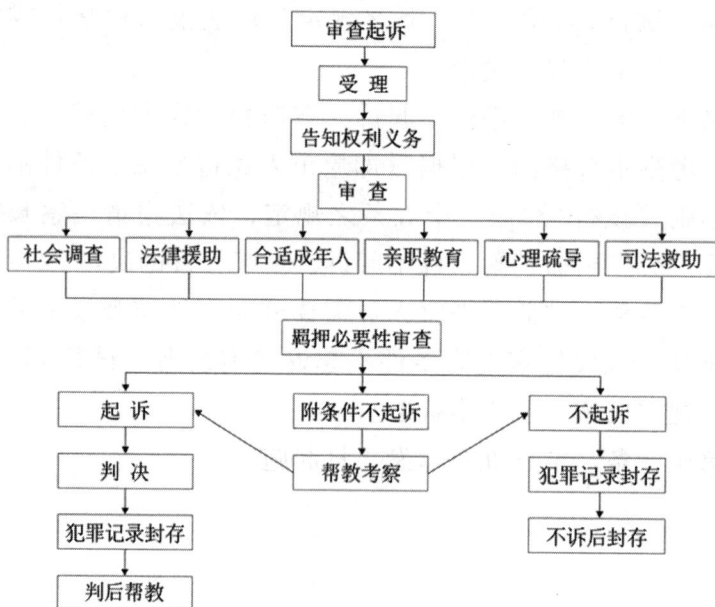

```
                    审查批准逮捕
                        │
                      受 理
        ┌───────────────┼───────────────┐
      审 查           告知权利义务        特别程序
    ┌────┴────┐              ┌──┬──┬──┬──┬──┬──┬──┐
不批准逮捕  批准逮捕        社会  法律 被害 合适 亲职 心理 其
    │        │            调查  援助 人救 成年 教育 疏导 他
不捕后帮教  羁押必要性审查              助  人
```

```
                    审查起诉
                        │
                      受 理
                        │
                    告知权利义务
                        │
                      审 查
    ┌──────┬──────┬──────┬──────┬──────┐
  社会调查 法律援助 合适成年人 亲职教育 心理疏导 司法救助
                        │
                   羁押必要性审查
        ┌───────────────┼───────────────┐
      起 诉         附条件不起诉         不起诉
        │                │                │
      判 决           帮教考察         犯罪记录封存
        │                                 │
    犯罪记录封存                       不诉后封存
        │
     判后帮教
```

附图 2：未成年人犯罪附条件不起诉考察积分评估工作流程

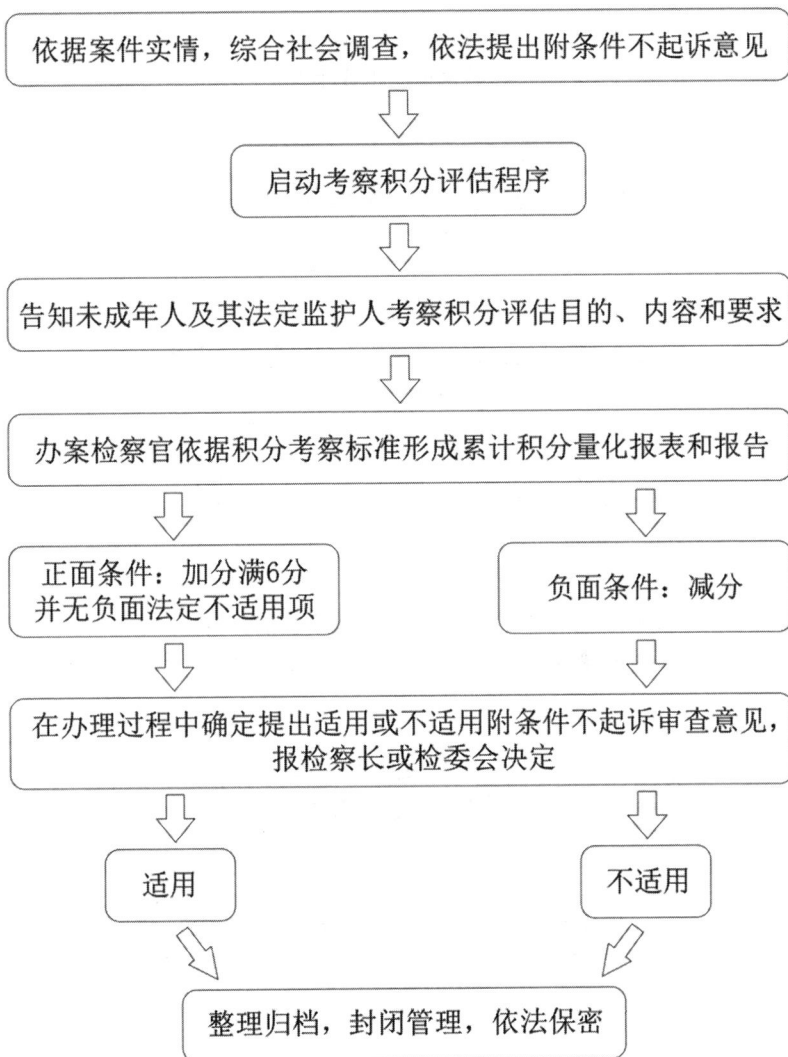

依据案件实情，综合社会调查，依法提出附条件不起诉意见

启动考察积分评估程序

告知未成年人及其法定监护人考察积分评估目的、内容和要求

办案检察官依据积分考察标准形成累计积分量化报表和报告

正面条件：加分满6分并无负面法定不适用项

负面条件：减分

在办理过程中确定提出适用或不适用附条件不起诉审查意见，报检察长或检委会决定

适用

不适用

整理归档，封闭管理，依法保密

附图 3：未成年人案件办理心理疏导流程

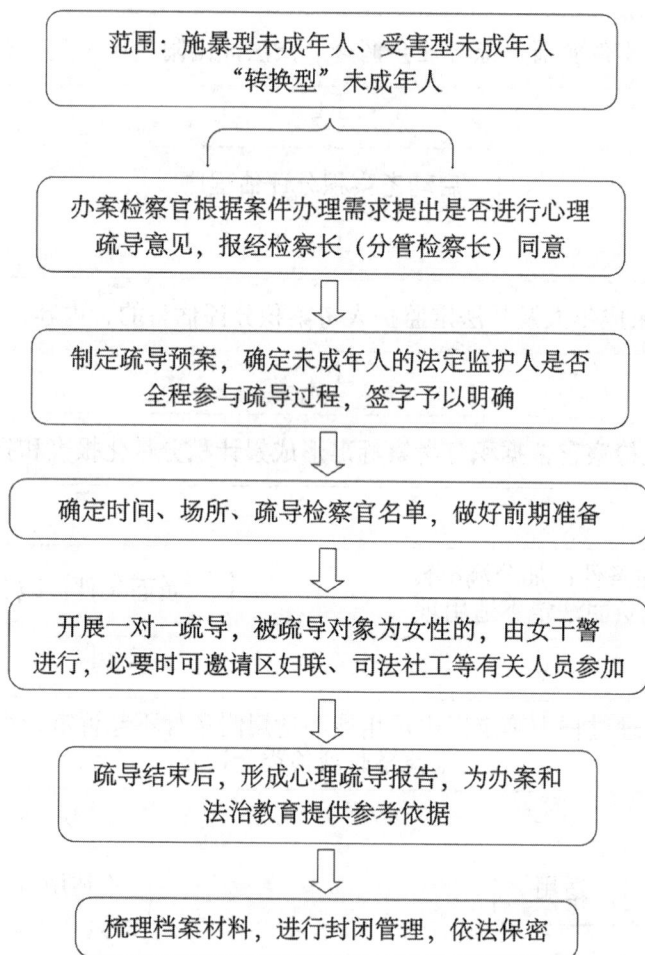

```
┌────────────────────────────────────────┐
│ 范围：施暴型未成年人、受害型未成年人     │
│        "转换型"未成年人                  │
└────────────────────────────────────────┘
                   │
                   ▼
┌────────────────────────────────────────┐
│ 办案检察官根据案件办理需求提出是否进行心理 │
│ 疏导意见，报经检察长（分管检察长）同意   │
└────────────────────────────────────────┘
                   │
                   ▼
┌────────────────────────────────────────┐
│ 制定疏导预案，确定未成年人的法定监护人是否 │
│ 全程参与疏导过程，签字予以明确           │
└────────────────────────────────────────┘
                   │
                   ▼
┌────────────────────────────────────────┐
│ 确定时间、场所、疏导检察官名单，做好前期准备 │
└────────────────────────────────────────┘
                   │
                   ▼
┌────────────────────────────────────────┐
│ 开展一对一疏导，被疏导对象为女性的，由女干警 │
│ 进行，必要时可邀请区妇联、司法社工等有关人员参加 │
└────────────────────────────────────────┘
                   │
                   ▼
┌────────────────────────────────────────┐
│ 疏导结束后，形成心理疏导报告，为办案和     │
│ 法治教育提供参考依据                     │
└────────────────────────────────────────┘
                   │
                   ▼
┌────────────────────────────────────────┐
│ 梳理档案材料，进行封闭管理，依法保密     │
└────────────────────────────────────────┘
```

关于构建青岛市即墨区未成年人检察工作
社会支持体系的合作协议

根据《刑事诉讼法》《未成年人保护法》《预防未成年人犯罪法》等法律法规以及中央深化预防青少年违法犯罪的工作意见、《中长期青年发展规划（2016—2025年）》等政策文件，按照省委办公厅、省政府办公厅《关于进一步深化预防青少年违法犯罪工作的实施意见》，最高人民检察院和共青团中央签署的《关于构建未成年人检察工作社会支持体系合作框架协议》以及省、市院与共青团签署的合作协议要求，在总结实践探索的基础上，为加强未成年人司法保护工作，构建青岛市即墨区未成年人检察工作社会支持体系，制定以下框架协议。

一、目标任务

——教育感化挽救涉罪未成年人，保护救助未成年被害人，保护未成年人民事、行政合法权益，有效预防未成年人违法犯罪和侵害未成年人犯罪。

——落实未成年人司法特殊理念和诉讼程序，为未成年人提供特殊、优先和专业的司法保护，推动建立即墨特色未成年人司法制度。

——在未成年人检察工作中，实现专业化办案与社会化保护配合衔接；发挥专业化社会力量，积极参与社会综合治理创新，逐步构建内容完善的未成年人检察工作社会支持体系。

二、合作方式

1. 搭建承接平台。成立即墨区未成年人司法社会服务中心

（以下简称"服务中心"），设立在即墨区人民检察院 12309 检察服务大厅，"一门受理"检察院委派的未成年人司法社会服务项目，并根据服务需求提供针对性的专业社会服务或及时转介至有关组织、机构。

2. 规范工作流程。区检察院在办理未成年人案件过程中，根据工作需要，通过"服务中心"提出工作需求，制定服务方案，并由青科大法学院负责组织实施并做好跟踪督导、总结归档等工作。区检察院负责评价服务质量，定期审核评估服务效果。

3. 进行项目化运作。根据《关于做好政府购买青少年社会工作服务的意见》服务清单中"青少年合法权益维护和社会保障支持服务""青少年违法犯罪预防"等相关目录，通过购买服务的方式，以项目化运作为载体，支持和引导社会工作服务机构向涉罪未成年人、未成年被害人以及民事、行政案件未成年当事人提供必要的社会服务。包括：心理疏导、社会调查、观护帮教、合适成年人到场、亲职教育、社会救助、临界预防、行为矫正等服务。

三、合作内容

（一）完善未成年人司法保护

1. 区检察院第二检察部在工作中坚持未成年人利益最大化原则，落实未成年人特殊检察制度，推进未成年人司法改革，不断提高未成年人检察工作的科学化、专业化、规范化水平。

2. 青科大法学院、团区委共同组织凝聚、掌握一批政治立场坚定、治理结构成熟、服务能力较强的社工机构，加大培育扶持青少年司法类社会工作服务机构力度，重点建设专业化青少年司法社工队伍。

3. 逐步扩大社会力量参与未成年人司法的领域和范围，为构建涵盖未成年人警务、检察、审判、执行各个环节的社会支持体系提供经验。

（二）加强青少年法治宣传和犯罪预防

4. 落实"谁执法谁普法"的普法责任制，发挥"墨检护航"预防未成年人宣讲团的带头引领作用，通过"法治进校园""检察官担任法治副校长"等形式开展青少年法治教育。青科大法学院、区关工委、团区委组织发展壮大青少年普法工作队伍和志愿者队伍，充分发挥学生、"五老"群体、社会工作者的积极性，提升和完善"墨检护航"普法教育群体和质量。

5. 关注不良行为未成年人的临界预防，抓住重点领域、重点人群、重点场所，完善未成年人犯罪预防和临界干预机制。推广实施亲职教育制度，对未成年人违法犯罪负有监护失职责任的父母或其他监护人加强家庭教育指导。

（三）推动司法社工专业化发展和人才培养

6. 加强与青科大法学院社工专业配合，建立专业化司法社工培养长效机制，探索开展司法社工本科专业培养、设立和研发司法社工课题等工作。

7. 强化区关工委、团区委在青少年社会服务方面的力量，探索建立以区检察院、青科大法学院为主导，区关工委、团区委共同参与指导的未成年人检察社会支持体系新模式。

四、配套保障

1. 健全合作机制。建立会商研讨机制，每年5月和10月召开联席会议，就合作事宜通报情况、共享信息、总结经验，分析研判未成年人违法犯罪、权益保护形势，研究解决工作中遇到的新情况新问题。

2. 培育工作力量。围绕未成年人犯罪预防、司法保护和权益维护工作，加强对青少年社会工作服务机构的业务指导和社工的交流培训，明确未成年人案件办理中的工作需求和服务标准，提高相关服务机构的承接能力、专业社工的服务质量。

3. 加大资金投入。区检察院在既有经费预算中统筹安排购买相关青少年社会工作服务经费，同时积极争取财政专项资金支持并列入财政预算，保障购买服务项目的连续性和稳定性。鼓励多渠道引入社会资金，支持青少年司法类社会工作服务机构的发展。

4. 完善政策保障。适时制定社会专业力量参与未成年人司法保护工作的政策性指导文件，规范工作内容、工作流程和服务标准。推动把构建未成年人检察工作社会支持体系纳入综治工作考核评价。推动建立跨部门合作机制，争取区民政、财政、教育、人力资源和社会保障、妇联等部门的政策支持。

五、法律责任

1. 协议各方应当对活动开展中知悉的被不起诉人的信息予以保密，工作档案非因司法机关为办案需要或者有关单位根据国家规定进行查询外，不得向任何单位和个人提供。因泄露被不起诉人的信息造成严重影响的，依据相关规定承担相应的法律责任。

2. 协议各方开展活动应当坚持有利于保护未成年人身心健康原则，尊重未成年人的人格尊严，不得对未成年人实施体罚、变相体罚或者其他侮辱人格行为。因开展活动侵害未成年人的合法权益的，依法承担相应的法律责任。

3. 未成年人检察社会支持体系运作所需资金由检察机关支付，不得向未成年人及其家属收取任何费用。违规收取费用的，依据相关规定承担相应的法律责任。

附录三 诉讼监督背书制度 工作文件及附件

青岛市即墨区人民检察院 创新落实诉讼监督背书制度实施细则

为促进员额检察官在办案中全面履行法律监督职责，落实最高人民检察院提出的"在办案中监督、在监督中办案"的总体要求，根据《中华人民共和国刑事诉讼法》《人民检察院刑事诉讼规则》《中华人民共和国民事诉讼法》《人民检察院民事诉讼监督规则（试行）》《中华人民共和国行政诉讼法》《人民检察院行政诉讼监督规则（试行）》《最高人民法院、最高人民检察院关于检察公益诉讼案件适用法律若干问题的解释》等法律规定，结合我院检察工作实际，制定本实施细则。

第一节 刑事诉讼监督背书

第一条 员额检察官在办理刑事案件过程中应依法对刑事立案、刑事撤案、漏捕、漏诉、刑事判决和裁定、侦查和审判违法行为实行法律监督，并针对办案中发现的社会治理工作存在的问题，向有关单位和部门提出改进工作、完善治理的检察建议。

第二条 对员额检察官在办理刑事案件过程中开展诉讼监督事项实行背书制度。《刑事诉讼监督背书表》实行一案一表，每案必填。如未发现相应的诉讼监督事项，在相应栏目中填写"无"。如有诉讼监督事项，则在相应表格中说明监督内容、使用的法律文书名称及文号，以及该监督事项法律文书所在卷宗的位置。

第三条　《刑事诉讼监督背书表》应在案件办结后十日内填写。由承办员额检察官签名后，装订于检察内卷备考表前一页。

第四条　规范全面审查。对刑事诉讼监督事项实行定期抽查制度，每半月开展一次全面评查。成立由本院分管刑事检察工作的副检察长和部门负责人及业务骨干组成的评查组，对每月办结的刑事案件进行抽查。每次抽查量不少于当期办结案件数的五分之一，且针对每名员额检察官抽查量全年累计不少于其所办结全部案件的五分之一。

第五条　突出重点抽查。开展重点罪名抽查，对容易发现监督事项的案件进行重点抽查，对毒品、盗窃等案件实施每案必查，由评查组交互评查。开展重点人员抽查，对监督事项排名后三位的办案人员，安排评查组对该办案人所办的全部案件进行重点抽查。

第六条　强化案件质量评查。完善《青岛市即墨区人民检察院案件质量评查实施细则》，建立案件评查平台，将刑事诉讼监督背书落实情况作为案件质量评查的重点内容，每名员额每月抽取一件案件进行评查，实现每名员额的每件案件都存在被公开评查的可能，督促办案人在办理每个案件时严格落实背书制度。

第七条　结合我院专业化办案分工机制，建立刑事诉讼监督背书专业审查机制，按照罪名分类，明确每名办案人分别负责相应罪名案件的刑事诉讼监督检查指导工作。承办人对是否可以提出监督事项存在疑问的，应当咨询负责该罪名的专业化办案人。

第八条　优化《刑事诉讼监督背书表》内容。当前影响监督效果的重要原因是部分干警监督能力不强，对常见监督事项不熟悉、不了解，导致不能及时发现监督点。针对这一问题，针对不同罪名，逐项梳理分析该罪名常见监督事项，按照罪名制定相应的《刑事诉讼监督背书表》。

（一）盗窃罪

（1）监督立案：着重审查是否存在应当追究刑事责任的下游犯罪，如掩饰、隐瞒犯罪所得罪。

（2）监督撤案：一是盗窃未遂案件，是否未达到数额巨大立案标准；二是以次数够罪的案件，多次盗窃是否系连续犯，不符合"两年内三次盗窃"立案标准。

（3）羁押必要性审查：捕后因退赔谅解启动羁押必要性审查。

（4）纠正侦查违法：涉案财物价格鉴定基准日、鉴定依据不合法；价格鉴定意见未依法告知。

（5）抗诉：判决遗漏赃款赃物处理情况。

（6）检察建议：盗窃公司等单位财物的，公司管理制度是否存在漏洞。

（二）毒品类案件

（1）监督立案：着重审查是否存在应当追究刑事责任的不同罪名的上下游犯罪。

（2）监督撤案：一是容留他人吸毒案件未达到立案标准；二是存在犯意引诱情形。

（3）纠正漏捕：存在应当追究刑事责任的共同犯罪嫌疑人或贩卖毒品上家。

（4）纠正漏犯：存在应当追究刑事责任的共同犯罪嫌疑人或贩卖毒品上家。

（5）纠正侦查违法：毒品的提取、扣押、称量、取样、送检程序不合法，提取笔录等手续不完备；微信聊天记录、转账记录、通话记录等证据来源不合法。

（三）交通肇事罪

（1）监督立案：着重审查是否存在遗漏有包庇情节的嫌疑人；遗漏有作伪证情节的嫌疑人。

（2）纠正漏犯：肇事逃逸案件是否遗漏指使肇事人逃逸的同案犯。

（3）羁押必要性审查：捕后因赔偿谅解启动羁押必要性审查。

（4）纠正侦查违法：现场勘验检查笔录无见证人签字；鉴定人员或鉴定机构无资质。

（四）侵犯人身权利类案件

（1）监督立案：非法拘禁案件拘禁时间未达到立案标准。

（2）纠正漏犯：遗漏存在包庇情节的嫌疑人；遗漏存在作伪证情节的嫌疑人。

（3）羁押必要性审查：有无捕后和解情形。

（4）纠正侦查违法：鉴定程序、鉴定依据不合法；鉴定意见未依法告知当事人；对女性的人身检查，未由女工作人员进行；作案工具未提取，或缺少提取笔录等手续，提取程序不合法；现场勘查未制作笔录，或笔录无见证人签字；对于可能判处无期徒刑、死刑的案件或者其他重大犯罪案件，未对讯问过程进行录音录像；关于案件主要情节，讯问笔录与同步录音录像存在明显不一致；辨认对象不符合数量要求。

（五）危险驾驶罪

（1）监督撤案：是否已过追诉时效。

（2）纠正漏犯：遗漏明知行为人饮酒仍将车辆交由其驾驶的人员。

（3）纠正侦查违法：血液送检时间不符合法律规定；鉴定人员或鉴定机构无资质；现场勘验检查笔录或血液提取笔录等无见证人签字。

（六）污染环境罪

（1）监督立案：是否存在关联犯罪，如非国家工作人员受贿罪或向非国家工作人员行贿罪等。

（2）纠正漏犯：存在应当追诉的单位。

（3）羁押必要性审查：从犯（工人、临时工等）是否无羁押必要性。

（4）纠正侦查违法：检测报告等鉴定意见取得程序不合法；行政执法机关的调查笔录未经转换直接作为刑事案件证据使用。

（5）检察建议：行政执法类检察建议、综合治理类检察建议。

（6）其他情形：存在环保工作人员渎职等职务犯罪线索；存在公益诉讼线索。

（七）侵犯知识产权类案件

（1）监督立案：假冒类犯罪上下游加工及销售人员。

（2）监督撤案：无法确定犯罪数额的工人。

（3）纠正漏罪：除销售自己生产的侵权产品又销售他人制造的侵权产品。

（4）纠正侦查违法：鉴定程序、鉴定依据不合法；鉴定意见未依法告知当事人；搜查、扣押无见证人；扣押物品清单无单位公章、办案人签字；不依法提取电子数据程序；物证不随案移送时不附照片。

（5）纠正审判违法（抗诉）：罚金刑计算错误。

（6）检察建议：行政执法类检察建议、综合治理类检察建议。

（八）涉税类案件

（1）监督立案：骗税案件的上下游虚开增值税专用发票犯罪和洗钱犯罪。

（2）监督撤案：不以骗取税款为目的的虚开增值税专用发票。

（3）纠正漏捕：应判十年以上有期徒刑的案件未提请逮捕。

（4）纠正漏犯：单位犯罪未移送起诉。

（5）纠正侦查违法：复印书证、讯问笔录等未加盖公章、侦查人员未签字。

（6）检察建议：企业财务管理问题。

（7）其他情形：存在税务稽查人员渎职线索。

（九）非法经营类案件

（1）监督立案：非法经营香烟案件的上下游犯罪；公安机关、行政主管机关以罚代刑。

（2）监督撤案：未达到立案标准；法律、司法解释发生变化。

（3）纠正漏捕：存在有社会危险性的犯罪嫌疑人，公安机关未提捕。

（4）纠正漏犯：单位犯罪未移送起诉；公安机关未移送起诉的同案犯。

（5）纠正侦查违法：取保候审期满未退还保证金；调查笔录未经转换直接作为刑事案件证据使用；电子证据无提取、勘验笔录；搜查、扣押手续不完备；未如实记录侦查人员的发问和犯罪嫌疑人的辩解。

（6）检察建议：不作为犯罪处理，行政机关进行行政处罚；行政机关对违法行为监管缺位。

（十）涉未成年人案件

（1）监督立案：性侵幼女案中，可能存在其他非同案犯罪嫌疑人情况。

（2）监督撤案：犯罪时未达刑事责任年龄。

（3）纠正漏捕：审查逮捕阶段改变定性，例如故意伤害罪改寻衅滋事罪，可能存在遗漏同案犯。

（4）纠正漏犯：审查起诉阶段改变定性，例如故意伤害罪改寻衅滋事罪，可能存在遗漏同案犯。

（5）羁押必要性审查：捕后因退赔谅解启动羁押必要性审查。

（6）纠正侦查违法：讯（询）问未成年人无法定代理人或合适成年人在场；讯（询）问女性未成年人侦查机关无女性工作人员在场。

（7）抗诉：共同犯罪中单纯将纠集者或提议者认定为主犯，其他人为从犯。

（8）检察建议：未成年人在 ktv、网吧被抓获的，向文化执法局发检察建议；义务教育阶段辍学的，向教育部门发检察建议。

第九条 对经抽查发现遗漏监督事项情况进行备注，由负责评查工作的副检察长签字确认。

第十条 强化考核奖惩。修订《青岛市即墨区人民检察院检察官业绩考评工作实施办法》，将监督事项背书纳入考核范围，建立与业务直接挂钩的考核机制，发挥绩效考核的导向作用，激发干警积极性。对每按要求背书一项加 0.1 分，应当背书而未背书的每件减 0.5 分，由院监督事项背书专班统计，每月定期公布。将考核分值与工作难度直接挂钩，突出向重点工作倾斜，根据工作难易、重要程度，分别设置 1 分至 50 分的分值，每办理一件普通案件得基础分 2 分，提高刑事诉讼监督事项分值，每成功抗诉一个案件最高可奖励 50 分，体现对刑事诉讼监督工作的倾斜。

第十一条　强化监督背书情况通报。完善办案数据公开公示机制，将刑事诉讼监督数据纳入公开事项，每日在办公楼大厅屏幕滚动播放办案人刑事诉讼监督数据，每周在内网发布检察官监督考评指标数据，督促干警自觉落实背书制度。

第十二条　强化组织领导。将贯彻落实刑事诉讼监督背书制度作为全院刑检重点工作，成立由检察长任组长的刑事诉讼监督背书工作领导小组，统筹领导全院刑事诉讼监督背书工作，及时研究解决落实工作中存在的问题。

第十三条　强化工作调度。建立常态化调度机制，将刑事诉讼监督背书制度执行情况纳入检察长办公会、院务会固定研究内容，采取周回报、月调度制度，每周由刑检部门分管领导在检察长办公会汇报本周分管部门刑事诉讼监督落实情况，每月由检察业务管理部在院务会汇总分析全院月度监督数据情况。

第十四条　严格落实责任追究机制，将刑事诉讼监督工作纳入检务督查范围，对于经背书的案件，发现员额检察官在履行刑事诉讼监督职责过程中存在故意或者重大过失，造成严重后果或恶劣影响的，按照最高人民检察院《检察人员执法过错责任追究条例》进行追责。

第二节　刑事执行检察监督背书

第十五条　刑事执行检察员额检察官在办理刑事执行检察监督案件中应依法对暂予监外执行、刑事执行和监管活动、监外执行和社区矫正监管活动及收监执行、重大案件侦查终结前讯问合法性审查等行为实行法律监督，并针对办案中发现的问题，向有关单位和部门发出纠正违法通知、检察建议等。

第十六条　对刑事执行检察员额检察官在办案件，实行刑事执行检察监督事项背书制度。《刑事执行检察监督背书表》实行一案一表，每案必填。如未发现相应的监督事项，在相应栏目中填写"无"。如有监督事项，则在相应表格中说明监督内容、使用的法律文书名称及文号，以及该监督事项法律文书所在卷宗的位置。

第十七条 《刑事执行检察监督背书表》应在案件办结后十日内填写。由承办员额检察官签名后，装订于检察内卷备考表前一页。

第十八条 规范全面监督。对刑事执行检察监督事项实行定期抽查制度，每月开展一次全面评查。每次抽查每名办案检察官不少一件。

第十九条 优化《刑事执行检察监督背书表》内容。当前影响监督效果的重要原因是部分干警监督能力不强，对监督事项不熟悉、不了解，导致不能及时发现监督点。针对这一问题，针对不同刑事执行检察监督事项，逐项梳理常见监督事项，并制定统一的《刑事执行检察监督背书表》。

（一）暂予监外执行违法

1. 纠正看守所呈报违法：一是看守所是否将提出暂予监外执行书面意见的副本抄送检察院；二是监督呈报暂予监外执行罪犯是否符合法律规定的条件；三是监督呈报暂予监外执行的程序是否符合法律和有关规定。

2. 纠正法院决定违法：一是监督决定暂予监外执行是否符合法定程序；二是监督决定暂予监外执行后是否依法交付罪犯居住地的社区矫正机构实行社区矫正，是否通知司法行政机关派员到庭办理罪犯交接手续；三是监督《暂予监外执行决定书》等法律文书是否在互联网上公开和抄送人民检察院。

3. 纠正司法行政机关执行活动违法：一是监督是否依法接收暂予监外执行的社区矫正人员；二是监督是否依法管理暂予监外执行人员，是否组织定期到规定机关进行复查身体；三是监督严重违反暂予监外执行管理规定、暂予监外执行条件消失且刑期未满是否依法提出收监执行建议；四是监督是否对暂予监外执行罪犯有殴打、体罚、强迫参加社区服务等侵犯合法权利的行为。

4. 发现司法工作人员职务犯罪线索：着重查找审判人员、司法鉴定人员、监管干警利用职权索贿受贿，工作中徇私枉法等行为。

5. 发现其他线索：主要通过走访、谈话了解获取余罪、漏罪和检举揭发等线索。

6. 检察建议：针对相关部门在暂予监外执行活动中存在的共性问题，向有关单位和部门提出改进工作检察建议。

（二）刑事执行和监管活动

1. 纠正指定居所监视居住违法：一是监督被监视居住人是否符合执行指定居所监视居住的法定条件，如是否属于有固定住所和有碍侦查等；二是监督交付执行的监视居住的法律文书是否符合法定的批准程序，如是否实行"三级审批"等；三是监督被指定的居所是否合法适当，如是否具备正常生活、休息条件，便于监视、管理以及保证办案安全等；四是监督执行机关的管理活动是否合法，如是否保证休息、饮食等；五是监督办案部门对被监视居住人的执法活动是否合法，如是否在执行监视居住二十四小以内通知家属等；六是监督被监视居住人是否存在不履行遵守法定义务的情况，如是否私自会见他人或者毁灭证据、干扰证人作证等。

2. 纠正强制医疗违法：一是监督交付执行是否合法，重点监督法院是否在作出决定后五日内，向公安机关送达强制医疗决定书和执行通知书，并由公安送交强制医疗；二是监督收治活动是否合法，重点监督收治被强制医疗人后，是否在二十四小时内通知其监护人，以及收治被强制医疗人的相关有效法律文书是否齐全；三是监督强制医疗执行活动是否合法，重点监督是否制定治疗方案进行规范治疗，以及是否保证被强制医疗人的生活待遇和对被强制医疗人及其监护人提出的、控告、申请复议、提出解除申请等在二十四小时内将有关材料送有关机关；四是监督解除活动是否合法，重点监督是否每六个月对被强制医疗人进行一次诊断评估，以及对不具有人身危险性、不需要继续强制医疗的，是否及时提请法院批准并将解除强制医疗意见的副本抄送检察院。

3. 纠正财产刑执行违法：一是监督财产刑执行程序是否合法，重点监督刑事裁定、判决生效后是否及时移送立案庭审查立案，立案庭立案后是否及时移送执行部门负责执行，执行期限是否超过三个月的法定期限，以及执行措施是否合法到位，有无该移不移、该立不立、不该移而移、不该立而立的问题；二是监督执行方式是否合法，重点监督罚金刑的执行方式以及没收财产刑的内容和执行方式是否符合法律规定，有无执行财产不上交国库的问题；三是监督变更执行是否合法，重点监督财产刑的中止执行、终结执行、罚金刑减免程序是否符合相关法律规定，有无弄虚作假、损害国家法律的问题。

4. 纠正监管活动违法：一是监督收押活动是否合法，重点监督是否符合收押条件，收押手续是否齐全，身体疾病和有无外伤；二是监督出所是否合法，重点监督出所手续是否齐全；三是监督是否存在超期羁押，重点监督执行换押制度是否严格，应当换押的是否及时督促办案机关换押，是否在犯罪嫌疑人、被告人的羁押期限届满前七日，向办案机关发出羁押期限即将届满通知书，是否在犯罪嫌疑人、被告人被超期羁押后，立即向检察院发出超期羁押报告书并抄送办案机关；四是监督禁闭执行是否合法，重点监督对罪犯适用禁闭是否符合规定条件，手续是否完备，是否存在超期限禁闭问题；五是监督教育和劳动改造活动是否合法，重点监督对在押人员的教育改造时间是否达到相关规定，有无在教育管理时体罚、虐待或变相体罚行为，有无巧立名目，滥收或索取费用问题，在劳动过程中有无违反规定超时、超强度劳动，以及劳动项目是否存在安全隐患和在国家法定节日劳作；六是监督生活卫生管理活动是否合法，重点监督在押人员生活、卫生款项是否专款专用，对伤病在押人员是否及时治疗，有无向在押人员提供残、次、劣、腐、过期商品或食品、药品，是否适时进行卫生防疫等；七是监督通信（讯）会见是否合法，重点监督是否存在为在押人员通风报信、私自传递信件物品、伪造立功材料问题，是否按照规定安排办案人员单人提讯或变相单人提讯，是否按照规定安排律师及家属于会见和通信等问题；八是监督安全防范活动是否合法，重点监督安全防范设施、警戒设施是否牢固、正常使用或残缺，干警直接管理制度是否落实到位，劳动工具管理是否松散和混乱，对危险性、顽固性在押人员管理监控是否到位，对危险、违禁物品检查管理是否严格等；九是监督在押人员分类管理是否合法，重点监督同一案件未决在押人员是否实行分别关押，已决犯和未决犯是否分别留所，服刑人员是否分管分押，剩余刑期在三个月以下的是否依照规定履行批准手续，是否将留所服刑罪犯与其他被监管人员混管混押，是否擅自批准留所服刑人员外出或参加所外劳动；十是监督监管事故中的相关监管问题，重点监督被监管人脱逃、破坏监管秩序、群体病疫、伤残、非正常死亡等事故中是否存在不主动报告、管理失职渎职等问题。

5. 发现司法工作人员职务犯罪线索：着重查找司法工作人员有无利用职权索贿受贿、徇私枉法和渎职犯罪等。

6. 发现其他线索：主要通过走访、谈话了解获取余罪、漏罪和检举揭发等线索。

7. 检察建议：针对相关部门在刑事执行和监管活动中存在

的共性问题，向有关单位和部门提出改进工作检察建议。

（三）监外执行和社区矫正监管活动及收监执行

1. 纠正公安机关监管剥夺政治权利执行活动违法。重点监督：一是监督接收剥夺政治权利人员时有无告知剥夺政治权利时间及应该遵守的相关规定；二是监督监管过程中是否定期了解剥夺政治权利人员的思想状况；三是监督剥夺政治权利结束是否公开宣告并恢复政治权利。

2. 纠正社区矫正监管活动违法。重点监督：一是监督社区矫正对象是否自判决、裁定生效之日起十日内到社区矫正机构报到，社区矫正机构是否依法接收社区矫正对象并核对法律文书、核实身份、办理接收登记、建立档案和宣告社区矫正对象的犯罪事实、执行社区矫正的期限以及应当遵守的规定；二是监督根据需要是否成立社区矫正小组、制定社区矫正方案，社区矫正对象为女性的，矫正小组中是否有女性成员；三是监督是否根据规定要求按级批准请假外出、使用电子定位装置或对违反监督管理规定的，视情节依法给予训诫、警告、提请公安机关予以治安管理处罚等；四是监督对社区矫正对象矫正期满或者被赦免的，是否向社区矫正对象发放解除社区矫正证明书，并通知检察院和公安机关；五是监督是否存在体罚、虐待社区矫正对象，或者违反法律规定限制或者变相限制社区矫正对象的人身自由的情况。

3. 收监执行违法。重点监督：一是监督对于需要收监执行的社区矫正人员，社区矫正机构是否及时向人民法院提出收监执行的建议，并将建议书抄送人民检察院；二是监督人民法院是否在收到社区矫正机构收监执行建议书后三十日内作出裁定，并将裁定书送达社区矫正机构和公安机关，并抄送人民检察院；三是监督被决定收监执行的社区矫正对象逃跑的，公安机关是否及时协助追捕。

4. 发现司法工作人员职务犯罪线索。着重查找相关部门在监管活动中有无利用职权索贿受贿和渎职犯罪等行为。

5. 发现其他线索。主要通过走访、谈话了解获取余罪、漏罪和检举揭发等线索。

6. 检察建议。针对相关部门在刑事执行和监管活动中存在的共性问题，向有关单位和部门提出改进工作检察建议。

（四）重大案件侦查终结前讯问合法性审查

1. 监督侦查机关是否及时将《重大案件即将侦查终结通知书》送至检察机关。

2. 监督发现监督立案、撤案、追捕、追诉和余罪、漏罪和检举揭发等线索的。

3. 纠正侦查中存在非法问题：一是审查存在采取刑讯逼供、威胁等非法方法收集犯罪嫌疑人供述的；二是审查采用引诱、欺骗以及其他非法方法收集犯罪嫌疑人供述的；三是审查收集物证、书证不符合法定程序，可能严重影响司法公正、不能补正或作出合理解释的。

4. 司法工作人员职务犯罪线索。着重查找：一是采取刑讯逼供造成犯罪嫌疑人伤残或死亡的；二是侦查工作人员利用职权索贿受贿、徇私枉法和渎职犯罪的。

5. 检察建议：针对重大案件在侦查中存在的共性问题，向侦查部门提出改进工作检察建议。

第二十条 强化工作调度。建立常态化调度机制，采取周回报、月调度制度，每季度对背书落实情况进行讲评和通报。

第二十一条 强化考核奖惩。对每按要求背书一项加 0.1 分，应当背书而未背书的每件减 0.5 分，由内勤统计，每月定期公布加减分情况，并将考核分值与评优受奖直接挂钩。

第二十二条 严格落实责任追究机制，对于经背书的案件，发现员额检察官在履行刑事诉讼监督职责过程中存在故意或者重大过失，造成严重后果或恶劣影响的，按照相关规定提请院党组研究进行追责。

第三节　民事诉讼监督背书

第二十三条　员额检察官在办理民事案件过程中应依法对生效民事裁判结果和审判违法行为实行法律监督。

第二十四条　对员额检察官在办理民事案件过程中开展诉讼监督事项实行背书制度。

第二十五条　对生效民事裁判结果和审判违法行为监督案件，实行背书制度。《民事诉讼监督背书表》实行一案一表，每案必填。如未发现相应的诉讼监督事项，在相应栏目中填写"无"。如有诉讼监督事项，则在相应表格中说明监督内容、使用的法律文书名称及文号，以及该监督事项法律文书所在卷宗的位置。

第二十六条　《民事诉讼监督背书表》应在案件办结后十日内填写。由承办员额检察官签名后，装订于检察内卷备考表前一页。

第二十七条　对民事诉讼监督事项实行抽查制度。成立由本院分管民事诉讼检察工作的副检察长和部门负责人及业务骨干组成的评查组，对办结的民事诉讼案件进行抽查。对经抽查发现的应当监督没有监督或不应监督而错误监督的，应及时要求员额检察官开展监督或予以纠正，并在《民事诉讼监督背书表》中进行备注，由负责评查工作的副检察长签字确认。

第二十八条　履行民事诉讼监督职责情况在员额检察官办案绩效指标中占10分。充分正确履行诉讼监督职责、在办案中开展诉讼监督工作，并取得监督成效的，每监督一项得2分，累计得分不超过10分。对于背书后，经本院评查发现应监督未监督或不应监督而错误监督的，每项扣3分，累计扣分不超过10分。

第二十九条 对于经背书的案件，发现员额检察官在履行民事诉讼监督职责过程中存在故意或者重大过失，造成严重后果或恶劣影响的，按照最高人民检察院《检察人员执法过错责任追究条例》进行追责。

第四节 行政诉讼监督背书

第三十条 员额检察官在办理行政案件过程中应依法对生效行政裁判结果和审判违法行为实行法律监督，并针对办案中发现的社会治理工作存在的问题，向有关单位和部门提出改进工作、完善治理的检察建议。

第三十一条 对员额检察官在办理行政案件过程中开展诉讼监督事项实行背书制度。

第三十二条 对生效行政裁判结果和审判违法行为监督案件，实行背书制度。《行政诉讼监督背书表》实行一案一表，每案必填。如未发现相应的诉讼监督事项，在相应栏目中填写"无"。如有诉讼监督事项，则在相应表格中说明监督内容、使用的法律文书名称及文号，以及该监督事项法律文书所在卷宗的位置。

第三十三条 《行政诉讼监督背书表》应在案件办结后十日内填写。由承办员额检察官签名后，装订于检察内卷备考表前一页。

第三十四条 对行政诉讼监督事项实行抽查制度。成立由本院分管行政诉讼检察工作的副检察长和部门负责人及业务骨干组成的评查组，对办结的行政诉讼案件进行抽查。对经抽查发现的应当监督没有监督或不应监督而错误监督的，应及时要求员额检察官开展监督或予以纠正，并在《行政诉讼监督背书表》中进行备注，由负责评查工作的副检察长签字确认。

第三十五条 履行行政诉讼监督职责情况在员额检察官办案绩效指标中占 10 分。充分正确履行诉讼监督职责、在办案中开展诉讼监督工作，并取得监督成效的，每监督一项得 2 分，累计得分不超过 10 分。对于背书后，经本院评查发现应监督未监督或不应监督而错误监督的，每项扣 3 分，累计扣分不超过 10 分。

第三十六条　对于经背书的案件，发现员额检察官在履行行政诉讼监督职责过程中存在故意或者重大过失，造成严重后果或恶劣影响的，按照最高人民检察院《检察人员执法过错责任追究条例》进行追责。

第五节　公益诉讼监督背书

第三十七条　员额检察官在办理公益诉讼案件过程中应依法对生态环境和资源保护、食品药品安全、国有财产保护、国有土地使用权出让等领域负有监督管理职责的行政机关违法行为实行法律监督，并针对办案中发现的社会治理工作存在的问题，向有关单位和部门提出改进工作、完善治理的检察建议。

第三十八条　对员额检察官在办理公益诉讼案件过程中开展诉讼监督事项实行背书制度。

第三十九条　对行政公益诉讼案件，实行背书制度。《公益诉讼监督背书表》实行一案一表，每案必填。如未发现相应的诉讼监督事项，在相应栏目中填写"无"。如有诉讼监督事项，则在相应表格中说明监督内容、使用的法律文书名称及文号，以及该监督事项法律文书所在卷宗的位置。

第四十条　《公益诉讼监督背书表》应在案件办结后十日内填写。由承办员额检察官签名后，装订于检察内卷备考表前一页。

第四十一条　对公益诉讼监督事项实行抽查制度。成立由本院分管公益诉讼检察工作的副检察长和部门负责人及业务骨干组成的评查组，对办结的公益诉讼案件进行抽查。对经抽查发现的应当监督没有监督或不应监督而错误监督的，应及时要求员额检察官开展监督或予以纠正，并在《公益诉讼监督背书表》中进行备注，由负责评查工作的副检察长签字确认。

第四十二条 履行公益诉讼监督职责情况在员额检察官办案绩效指标中占 10 分。充分正确履行诉讼监督职责、在办案中开展诉讼监督工作，并取得监督成效的，每监督一项得 2 分，累计得分不超过 10 分。对于背书后，经本院评查发现应监督未监督或不应监督而错误监督的，每项扣 3 分，累计扣分不超过 10 分。

第四十三条 对于经背书的案件，发现员额检察官在履行公益诉讼监督职责过程中存在故意或者重大过失，造成严重后果或恶劣影响的，按照最高人民检察院《检察人员执法过错责任追究条例》进行追责。

第六节 其 他

第四十四条 本细则自下发之日起实施。法律或司法解释有不同规定的，从其规定。

附件一

刑事诉讼监督背书表

案件名称			案件类型	
诉讼监督事项		监督立案		
		监督撤案		
		纠正漏捕		
		纠正漏罪		
		纠正漏犯		
		羁押必要性审查		
		纠正侦查违法		
		纠正审判违法		
		抗诉		
		检察建议		
备　　注			案件承办人	

附件二

盗窃类案件刑事诉讼监督背书表

案件名称			案件类型	
诉讼监督事项	监督立案	存在应当追究刑事责任的下游犯罪，应当监督立案		
		其他应当监督立案情形		
	监督撤案	盗窃未遂案件，未达到数额巨大立案标准		
		以次数够罪的案件，多次盗窃系连续犯，不符合"两年内三次盗窃"立案标准		
		其他应当监督撤案情形		
	纠正漏捕			
	纠正漏罪			
	纠正漏犯			
	羁押必要性审查	捕后因退赔谅解启动羁押必要性审查		
		其他情形		
	纠正侦查违法	涉案财物价格鉴定基准日、鉴定依据不合法		
		价格鉴定意见未依法告知		
		其他应当纠正情形		
	纠正审判违法			
	抗诉	判决遗漏赃款赃物处理情况		
		其他应当抗诉情形		
	检察建议			

备　　注		案件 承办人	

　　填表说明：1. 案件类型包括审查逮捕、审查起诉、二审上诉、二审抗诉、审判监督抗诉和申诉案件。2. 若无诉讼监督事项，则在相应表格中填写"无"，如有诉讼监督事项，则在相应表格中简单说明监督内容，并该监督事项法律文书所在卷宗的位置。3. 各院抽查发现的应当监督没有监督的事项，应及时要求办案检察官开展监督，并在备注栏中注明，由负责评查工作的副检察长签字确认。4. 案件办结是指收到法院判决（裁定）、作出不起诉决定或者（不）批捕决定。5. 监督立案和监督撤案是指办理案件中发现其他案件的立案和撤案线索。

附件三

涉毒品类案件刑事诉讼监督背书表

案件名称			案件类型	
诉讼监督事项	监督立案	存在应当追究刑事责任的不同罪名的上下游犯罪，应当监督立案		
		其他应当监督立案情形		
	监督撤案	容留他人吸毒案件未达到立案标准		
		存在犯意引诱情形		
		其他应当监督撤案情形		
	纠正漏捕	审查逮捕案件中存在应当追究刑事责任的共同犯罪嫌疑人，应当纠正漏捕		
		其他应当纠正漏捕的情形		
	纠正漏罪			
	纠正漏犯	直诉案件中存在应当追究刑事责任的上下游犯罪嫌疑人，应当追诉		
		其他应当纠正漏犯情形		
	羁押必要性审查			
	纠正侦查违法	毒品的提取、扣押、称量、取样、送检程序不合法，提取笔录等手续不完备		
		微信聊天记录、转账记录、通话记录等证据来源不合法		
		其他应当纠正情形		
	纠正审判违法			
	抗诉			
	检察建议			

备　　注		案件 承办人	

　　填表说明：1. 案件类型包括审查逮捕、审查起诉、二审上诉、二审抗诉、审判监督抗诉和申诉案件。2. 若无诉讼监督事项，则在相应表格中填写"无"，如有诉讼监督事项，则在相应表格中简单说明监督内容，并该监督事项法律文书所在卷宗的位置。3. 各院抽查发现的应当监督没有监督的事项，应及时要求办案检察官开展监督，并在备注栏中注明，由负责评查工作的副检察长签字确认。4. 案件办结是指收到法院判决（裁定）、作出不起诉决定或者（不）批捕决定。5. 监督立案和监督撤案是指办理案件中发现其他案件的立案和撤案线索。

附件四

交通肇事类案件刑事诉讼监督背书表

案件名称			案件类型	
诉讼监督事项	监督立案	遗漏有包庇情节的嫌疑人		
		遗漏有作伪证情节的嫌疑人		
		其他应当监督立案情形		
	监督撤案			
	纠正漏捕			
	纠正漏罪			
	纠正漏犯	肇事逃逸案件是否遗漏指使肇事人逃逸的同案犯		
		其他应当纠正漏犯情形		
	羁押必要性审查	有无捕后和解情形		
		其他情形		
	纠正侦查违法	现场勘验检查笔录无见证人签字		
		鉴定人员或鉴定机构无资质		
		其他应当纠违情形		
	纠正审判违法			
	抗诉			
	检察建议			
备注			案件承办人	

填表说明：1.案件类型包括审查逮捕、审查起诉、二审上诉、二审抗诉、审判监督抗诉和申诉案件。2.若无诉讼监督事项，则在相应表格中填写"无"，如有诉讼监督事项，则在相应表格中简单说明监督内容，并该监督事项法律文书所在卷宗的位置。3.各院抽查发现的应当监督没有监督的事项，应及时要求办案检察官开展监督，并在备注栏中注明，由负责评查工作的副检察长签字确认。4.案件办结是指收到法院判决（裁定）、作出不起诉决定或者（不）批捕决定。5.监督立案和监督撤案是指办理案件中发现其他案件的立案和撤案线索。

附件五

侵犯人身权利类案件刑事诉讼监督背书表

案件名称			案件类型	
诉讼监督事项	监督立案			
	监督撤案	非法拘禁案件拘禁时间未达到立案标准，应监督撤案		
		其他应当监督撤案的情形		
	纠正漏捕			
	纠正漏罪			
	纠正漏犯	遗漏存在包庇情节的嫌疑人		
		遗漏存在作伪证情节的嫌疑人		
		其他情形		
	羁押必要性审查	有无捕后和解情形		
		其他情形		
	纠正侦查违法	鉴定程序、鉴定依据不合法		
		鉴定意见未依法告知当事人		
		对女性的人身检查，未由女工作人员进行		
		作案工具未提取，或缺少提取笔录等手续，提取程序不合法		
		现场勘查未制作笔录，或笔录无见证人签字		
		对于可能判处无期徒刑、死刑的案件或者其他重大犯罪案件，未对讯问过程进行录音录像		
		关于案件主要情节，讯问笔录与同步录音录像存在明显不一致		

续表

诉讼监督事项	纠正侦查违法	辨认对象不符合数量要求（7人；10张照片；5件物品）	
		其他情形	
	纠正审判违法		
	抗诉		
	检察建议		
备 注			案件承办人

填表说明：1. 案件类型包括审查逮捕、审查起诉、二审上诉、二审抗诉、审判监督抗诉和申诉案件。2. 若无诉讼监督事项，则在相应表格中填写"无"，如有诉讼监督事项，则在相应表格中简单说明监督内容，并该监督事项法律文书所在卷宗的位置。3. 各院抽查发现的应当监督没有监督的事项，应及时要求办案检察官开展监督，并在备注栏中注明，由负责评查工作的副检察长签字确认。4. 案件办结是指收到法院判决（裁定）、作出不起诉决定或者（不）批捕决定。5. 监督立案和监督撤案是指办理案件中发现其他案件的立案和撤案线索。

附件六

危险驾驶类案件刑事诉讼监督背书表

案件名称			案件类型	
诉讼监督事项	监督立案			
	监督撤案	是否已过追诉时效		
		其他应当监督撤案情形		
	纠正漏捕			
	纠正漏罪			
	纠正漏犯	遗漏明知行为人饮酒仍将车辆交由其驾驶的人员		
		其他情形		
	羁押必要性审查			
	纠正侦查违法	血液送检时间不符合法律规定		
		鉴定人员或鉴定机构无资质		
		现场勘验检查笔录或血液提取笔录等无见证人签字		
	纠正审判违法			
	抗诉			
	检察建议			
备 注			案件承办人	

填表说明：1. 案件类型包括审查逮捕、审查起诉、二审上诉、二审抗诉、审判监督抗诉和申诉案件。2. 若无诉讼监督事项，则在相应表格中填写"无"，如有诉讼监督事项，则在相应表格中简单说明监督内容，并该监督事项法律文书所在卷宗的位置。3. 各院抽查发现的应当监督没有监督的事项，应及时要求办案检察官开展监督，并在备注栏中注明，由负责评查工作的副检察长签字确认。4. 案件办结是指收到法院判决（裁定）、作出不起诉决定或者（不）批捕决定。5. 监督立案和监督撤案是指办理案件中发现其他案件的立案和撤案线索。

附件七

污染环境类案件刑事诉讼监督背书表

案件名称			案件类型	
诉讼监督事项	监督立案	存在关联犯罪，如非国家工作人员受贿罪或向非国家工作人员行贿罪等		
		其他应当监督立案情形		
	监督撤案			
	纠正漏捕			
	纠正漏罪			
	纠正漏犯	存在应当追诉的单位		
		其他应当纠正情形		
	羁押必要性审查	从犯是否无羁押必要性		
		其他情形		
	纠正侦查违法	检测报告等鉴定意见取得程序不合法		
		行政执法机关的调查笔录未经转换直接作为刑事案件证据使用		
	纠正审判违法	其他应当纠正情形		
	抗诉			
	检察建议	发送行政执法类检察建议		
		发送综合治理类检察建议		
		发送其他类型检察建议		
	其他情形	存在环保工作人员渎职线索		
		存在公益诉讼线索		

备　　注		案件 承办人	

　　填表说明：1. 案件类型包括审查逮捕、审查起诉、二审上诉、二审抗诉、审判监督抗诉和申诉案件。2. 若无诉讼监督事项，则在相应表格中填写"无"，如有诉讼监督事项，则在相应表格中简单说明监督内容，并该监督事项法律文书所在卷宗的位置。3. 各院抽查发现的应当监督没有监督的事项，应及时要求办案检察官开展监督，并在备注栏中注明，由负责评查工作的副检察长签字确认。4. 案件办结是指收到法院判决（裁定）、作出不起诉决定或者（不）批捕决定。5. 监督立案和监督撤案是指办理案件中发现其他案件的立案和撤案线索。

附件八
侵犯知识产权类案件刑事诉讼监督背书表

案件名称			案件类型	
诉讼监督事项	监督立案		假冒类犯罪上下游人员	
	监督撤案	无法确定犯罪数额的工人		
		其他应当监督撤案的情形		
	纠正漏捕			
	纠正漏罪	除销售自己生产的侵权产品又销售他人制造的侵权产品		
		其他情形		
	羁押必要性审查			
	纠正侦查违法	鉴定程序、鉴定依据不合法		
		鉴定意见未依法告知当事人		
		搜查、扣押无见证人		
		扣押物品清单无单位公章、办案人签字		
		不依法提取电子数据程序		
		物证不随案移送时不附照片		
		其他情形		
	纠正审判违法	罚金刑计算错误		
	抗诉	罚金刑计算错误		
	检察建议	综合治理类、行政执法类		
备 注			案件承办人	

填表说明：1. 案件类型包括审查逮捕、审查起诉、二审上诉、二审抗诉、审判监督抗诉和申诉案件。2. 若无诉讼监督事项，则在相应表格中填写"无"，如有诉讼监督事项，则在相应表格中简单说明监督内容，并该监督事项法律文书所在卷宗的位置。3. 各院抽查发现的应当监督没有监督的事项，应及时要求办案检察官开展监督，并在备注栏中注明，由负责评查工作的副检察长签字确认。4. 案件办结是指收到法院判决（裁定）、作出不起诉决定或者（不）批捕决定。5. 监督立案和监督撤案是指办理案件中发现其他案件的立案和撤案线索。

附件九

涉税类案件刑事诉讼监督背书表

案件名称			案件类型	
诉讼监督事项	监督立案	涉税的上下线		
	监督撤案	不以骗取税款为目的的虚开		
	纠正漏捕	应判十年以上有期徒刑的案件未提请逮捕		
	纠正漏罪			
	纠正漏犯	存在应当追诉的单位		
		其他应当纠正情形		
	羁押必要性审查			
	纠正侦查违法	复印书证、讯问笔录等未加盖公章、侦查人员未签字		
		其他应当纠正情形		
	纠正审判违法			
	抗诉			
	检察建议	企业财务管理问题		
	其他情形	存在税务稽查人员渎职线索		
备 注			案件承办人	

填表说明:1. 案件类型包括审查逮捕、审查起诉、二审上诉、二审抗诉、审判监督抗诉和申诉案件。2. 若无诉讼监督事项,则在相应表格中填写"无",如有诉讼监督事项,则在相应表格中简单说明监督内容,并该监督事项法律文书所在卷宗的位置。3. 各院抽查发现的应当监督没有监督的事项,应及时要求办案检察官开展监督,并在备注栏中注明,由负责评查工作的副检察长签字确认。4. 案件办结是指收到法院判决(裁定)、作出不起诉决定或者(不)批捕决定。5. 监督立案和监督撤案是指办理案件中发现其他案件的立案和撤案线索。

附件十

非法经营类案件刑事诉讼监督背书表

案件名称			案件类型		
诉讼监督事项	监督立案	存在应当追究刑事责任的上下游犯罪			
		公安机关以罚代刑			
	监督撤案	未达到立案标准			
		法律、司法解释发生变化			
	纠正漏捕	存在有社会危险性的犯罪嫌疑人，公安机关未提捕			
	纠正漏罪				
	纠正漏犯	存在应当追诉的单位			
		公安机关未移送审查起诉的犯罪嫌疑人			
	羁押必要性审查				
	纠正侦查违法	取保候审期满未退还保证金			
		调查笔录未经转换直接作为刑事案件证据使用			
		电子证据无提取、勘验笔录			
		搜查、扣押手续不完备			
		未如实记录侦查人员的发问和犯罪嫌疑人的辩解			
	纠正审判违法				
	抗诉				
	检察建议	不作为犯罪处理行政机关进行行政处罚			
		行政机关对违法行为监管缺位			
		发送其他类型检察建议			
	其他情形				

备　　注		案件 承办人	

　　填表说明：1. 案件类型包括审查逮捕、审查起诉、二审上诉、二审抗诉、审判监督抗诉和申诉案件。2. 若无诉讼监督事项，则在相应表格中填写"无"，如有诉讼监督事项，则在相应表格中简单说明监督内容，并该监督事项法律文书所在卷宗的位置。3. 各院抽查发现的应当监督没有监督的事项，应及时要求办案检察官开展监督，并在备注栏中注明，由负责评查工作的副检察长签字确认。4. 案件办结是指收到法院判决（裁定）、作出不起诉决定或者（不）批捕决定。5. 监督立案和监督撤案是指办理案件中发现其他案件的立案和撤案线索。

附件十一

涉未成年人案件刑事诉讼监督背书表

案件名称			案件类型	
诉讼监督事项	监督立案	性侵幼女案中，可能存在其他非同案犯罪嫌疑人情况		
		其他应当监督立案情形		
	监督撤案	犯罪时未达刑事责任年龄		
		其他应当监督撤案情形		
	纠正漏捕	故意伤害罪改寻衅滋事罪，可能存在遗漏同案犯		
	纠正漏罪			
	纠正漏犯	故意伤害罪改寻衅滋事罪，可能存在遗漏同案犯		
		其他应当纠正情形		
	羁押必要性审查	捕后因退赔谅解启动羁押必要性审查		
		其他情形		
	纠正侦查违法	讯（询）问未成年人无法定代理人或合适成年人在场		
		讯（询）问女性未成年人侦查机关无女性工作人员在场		
		其他应当纠正情形		
	纠正审判违法			
	抗诉	共同犯罪中将单纯将纠集者或提议者认定为主犯，其他人为从犯		
		其他应当抗诉情形		
	检察建议	未成年人在ktv、网吧被抓获的，向文化执法局发检察建议		
		义务教育阶段辍学的，向教育部门发检察建议		

续表

备　注		案件 承办人	

　　填表说明：1. 案件类型包括审查逮捕、审查起诉、二审上诉、二审抗诉、审判监督抗诉和申诉案件。2. 若无诉讼监督事项，则在相应表格中填写"无"，如有诉讼监督事项，则在相应表格中简单说明监督内容，并该监督事项法律文书所在卷宗的位置。3. 各院抽查发现的应当监督没有监督的事项，应及时要求办案检察官开展监督，并在备注栏中注明，由负责评查工作的副检察长签字确认。4. 案件办结是指收到法院判决（裁定）、作出不起诉决定或者（不）批捕决定。5. 监督立案和监督撤案是指办理案件中发现其他案件的立案和撤案线索。

附件十二

刑事执行案件监督背书表

案件名称		案件类型	暂予监外执行违法
监督事项	纠正看守所呈报违法	监督看守所是否将提出暂予监外执行书面意见的副本抄送检察院	
		监督呈报暂予监外执行罪犯是否符合法律规定的条件	
		监督呈报暂予监外执行的程序是否符合法律和有关规定	
	纠正法院决定违法	监督决定暂予监外执行是否符合法定程序	
		监督决定暂予监外执行后是否依法交付罪犯居住地的社区矫正机构实行社区矫正，是否通知司法行政机关派员到庭办理罪犯交接手续	
		监督《暂予监外执行决定书》等法律文书是否在互联网上公开和抄送人民检察院	
	纠正司法行政机关执行活动违法	监督是否依法接收暂予监外执行的社区矫正人员	
		监督是否依法管理暂予监外执行人员，是否组织定期到规定机关进行复查身体	
		监督严重违反暂予监外执行管理规定、暂予监外执行条件消失且刑期未满是否依法提出收监执行建议	
		监督是否对暂予监外执行罪犯有殴打、体罚、强迫参加社区服务等侵犯合法权利的行为	

监督事项	发现司法工作人员职务犯罪线索	着重查找审判人员、司法鉴定人员、监管干警利用职权索贿受贿，工作中徇私枉法等行为	
	发现其他线索	主要通过走访、谈话了解获取余罪、漏罪和检举揭发等线索	
	检察建议	针对相关部门在暂予监外执行活动中存在的共性问题，向有关单位和部门提出改进工作检察建议	
备注		案件承办人	

填表说明：1. 案件类型主要为第三检察部业务范围内案件。2. 若无监督事项，则在相应表格中填写"无"，如有监督事项，则在相应表格中简单说明监督内容，并该监督事项法律文书所在卷宗的位置。

案件名称		案件类型	刑事执行和监管活动
监督事项	纠正指定居所监视居住违法	监督被监视居住人是否符合执行指定居所监视居住的法定条件	
		监督交付执行的监视居住的法律文书是否符合法定的批准程序	
		监督被指定的居所是否合法适当	
		监督执行机关的管理活动是否合法	
		监督办案部门对被监视居住人的执法活动是否合法	
		监督被监视居住人是否履行遵守法定义务	
	暂予监外执行决定审查案件	监督交付执行是否合法	
		监督收治活动是否合法	
		监督强制医疗执行活动是否合法	
		监督解除活动是否合法	
	纠正财产刑执行违法	监督财产刑执行程序是否合法	
		监督执行方式是否合法	
		监督变更执行是否合法	
		其他情况	
	纠正监管活动违法	监督收押活动是否合法	
		监督出所是否合法	
		监督是否存在超期羁押	
		监督禁闭执行是否合法	
		监督教育和劳动改造活动是否合法	
		监督生活卫生管理活动是否合法	
		监督通信（讯）会见是否合法	
		监督安全防范活动是否合法	
		监督在押人员分类管理是否合法	
		监督监管事故中的相关监管问题	

监督事项	发现司法工作人员职务犯罪线索	着重查找司法工作人员有无利用职权索贿受贿、徇私枉法和渎职犯罪等	
	发现其他线索	主要通过走访、谈话了解获取余罪、漏罪和检举揭发等线索	
	检察建议	针对相关部门在刑事执行和监管活动中存在的共性问题,向有关单位和部门提出改进工作检察建议。	
备 注		案件承办人	

填表说明:1. 案件类型主要为第三检察部业务范围内案件。2. 若无监督事项,则在相应表格中填写"无",如有监督事项,则在相应表格中简单说明监督内容,并该监督事项法律文书所在卷宗的位置。

案件名称		案件类型	监外执行和社区矫正监管活动及收监执行
监督事项	纠正公安机关监管剥夺政治权利执行活动违法	监督接收剥夺政治权利人员时有无告知剥夺政治权利时限及应该遵守的相关规定	
		监督监管过程中是否定期了解剥夺政治权利人员的思想状况	
		监督剥夺政治权利结束是否公开宣告并恢复政治权利	
	纠正社区矫正监管活动违法	监督社区矫正对象是否自判决、裁定生效之日起十日内到社区矫正机构报到，社区矫正机构是否依法接收社区矫正对象并核对法律文书、核实身份、办理接收登记、建立档案和宣告社区矫正对象的犯罪事实、执行社区矫正的期限以及应当遵守的规定	
		监督根据需要是否成立社区矫正小组、制定社区矫正方案，社区矫正对象为女性的，矫正小组中是否有女性成员	
		监督是否根据规定要求按级批准请假外出、使用电子定位装置或对违反监督管理规定的，视情节依法给予训诫、警告、提请公安机关予以治安管理处罚等	
		监督对社区矫正对象矫正期满或者被赦免的，是否向社区矫正对象发放解除社区矫正证明书，并通知检察院和公安机关	
		监督是否存在体罚、虐待社区矫正对象，或者违反法律规定限制或者变相限制社区矫正对象的人身自由的情况	

监督事项	收监执行违法	监督对于需要收监执行的社区矫正人员，社区矫正机构是否及时向人民法院提出收监执行的建议，并将建议书抄送人民检察院	
		监督人民法院是否在收到社区矫正机构收监执行建议书后三十日内作出裁定，并将裁定书送达社区矫正机构和公安机关，并抄送人民检察院	
		监督被决定收监执行的社区矫正对象逃跑的，公安机关是否及时协助追捕	
	发现司法工作人员职务犯罪线索	着重查找相关部门在监管活动中有无利用职权索贿受贿和渎职犯罪等行为	
	发现其他线索	主要通过走访、谈话了解获取余罪、漏罪和检举揭发等线索	
	检察建议	针对相关部门在刑事执行和监管活动中存在的共性问题，向有关单位和部门提出改进工作检察建议	
备　　注			案件承办人

填表说明：1. 案件类型主要为第三检察部业务范围内案件。2. 若无监督事项，则在相应表格中填写"无"，如有监督事项，则在相应表格中简单说明监督内容，并该监督事项法律文书所在卷宗的位置。

案件名称		案件类型	重大案件侦查终结前讯问合法性审查
监督事项	纠正送达通知是否及时	监督侦查机关是否及时将《重大案件即将侦查终结通知书》送至检察机关	
	发现其他线索	监督发现监督立案、撤案、追捕、追诉和余罪、漏罪和检举揭发等线索的	
	纠正侦查中存在非法问题	审查存在采取刑讯逼供、威胁等非法方法收集犯罪嫌疑人供述的	
		审查采用引诱、欺骗以及其他非法方法收集犯罪嫌疑人供述的	
		审查收集物证、书证不符合法定程序，可能严重影响司法公正、不能补正或作出合理解释的	
		其他情况	
	发现司法工作人员职务犯罪线索	监督采取刑讯逼供造成犯罪嫌疑人伤残或死亡的	
		监督侦查工作人员是否有利用职权索贿受贿、徇私枉法和渎职犯罪的	
	检察建议	针对重大案件在侦查中存在的共性问题，向有侦查部门提出改进工作检察建议	
备注		案件承办人	

填表说明：1. 案件类型主要为第三检察部业务范围内案件。2. 若无监督事项，则在相应表格中填写"无"，如有监督事项，则在相应表格中简单说明监督内容，并该监督事项法律文书所在卷宗的位置。

附件十三

涉未成年人案件刑事诉讼监督背书表

案件名称		案件类型	
诉讼监督事项	监督立案	性侵幼女案中，可能存在其他非同案犯罪嫌疑人情况	
		其他应当监督立案情形	
	监督撤案	犯罪时未达刑事责任年龄	
		其他应当监督撤案情形	
	纠正漏捕	故意伤害罪改寻衅滋事罪，可能存在遗漏同案犯	
	纠正漏罪		
	纠正漏犯	故意伤害罪改寻衅滋事罪，可能存在遗漏同案犯	
		其他应当纠正情形	
	羁押必要性审查	捕后因退赔谅解启动羁押必要性审查	
		其他情形	
	纠正侦查违法	讯（询）问未成年人无法定代理人或合适成年人在场	
		讯（询）问女性未成年人侦查机关无女性工作人员在场	
		其他应当纠正情形	
	纠正审判违法		
	抗诉	共同犯罪中单纯将纠集者或提议者认定为主犯，其他人为从犯	
		其他应当抗诉情形	
	检察建议		
备　　注		案件承办人	

附录四 "案（事）件线索"双向移送工作文件

青岛市即墨区人民检察院
行政执法检察监督和涉嫌刑事犯罪案件线索双向移送工作办法

为加强民事行政检察部门与刑事检察监督部门的协调配合，规范案件线索内部管理，增强监督合力，更好地发挥检察监督职能，提升参与社会治理的水平，根据《中华人民共和国行政诉讼法》《山东省人民代表大会常务委员会关于加强新时代检察机关法律监督工作的决议》和《即墨区人大常委会关于加强行政执法检察监督工作的决议》等相关规定，结合检察工作实际，制定本办法。

第一条 本办法所称的行政执法检察监督是指检察机关在执法办案中，发现相关行政主管部门及其工作人员对于损害国家利益、社会公共利益的行为，不履行或不正确履行法定职责的，通过检察建议、公益诉讼等方式督促其履行法定职责。

第二条 本办法所指的"双向移送"包括民事行政检察部门与刑事检察部门、检察机关与同级纪委监察委互相移送工作中发现的案（事）件线索。

第三条 本办法所指的"案（事）件线索"包括行政执法检察监督案件线索、普通刑事犯罪案件线索和职务犯罪案件线索。

行政执法检察监督案件线索是指刑事检察部门在办案中发现相关行政机关滥用职权、怠于履行法定职责或者具体行政行为违法，可能导致国家、集体和不特定多数人利益受到损失应当依法进行监督的案件线索。

普通刑事犯罪案件线索是指民事行政检察部门在办理行政执法检察监督案件中发现的有关人员涉嫌普通刑事犯罪行为的线索。

职务犯罪案件线索是指民事行政检察部门在办理行政执法检察监督案件中发现的有关国家机关工作人员涉嫌职务犯罪行为的线索。

第四条 民事行政检察部门和刑事检察部门应当指定专人负责案件线索、处理结果的登记、管理、移送和反馈等工作，确保案件线索不遗漏、不泄密。

第五条 民事行政检察部门在办理行政执法检察监督案件过程中，发现有关人员可能涉嫌诈骗、敲诈勒索等普通刑事犯罪行为的，报经分管检察长审核同意后，应三日内移送刑事检察部门。

民事行政检察部门在办理行政执法检察监督案件过程中，发现行政执法人员可能涉嫌贪污受贿、徇私舞弊、滥用职权、玩忽职守或其他严重侵犯公民、法人和其他组织合法权益的行为的，报经检察长审核同意后，应三日内移送同级纪委监察委，同时报送青岛市人民检察院。

第六条 刑事检察部门对民事行政检察部门移送的普通刑事犯罪案件线索应当接收，并层报检察长决定，处理决定应三日内反馈至民事行政检察部门。

第七条 刑事检察部门在办案过程中发现行政机关及其工作人员有下列情形之一的，报分管检察长审核同意后，应及时将案件线索移送民事行政检察部门办理：

（一）不依法履行或者拖延履行法定职责的；

（二）具体行政行为不合法；

（三）行政执法部门的行政处罚决定未及时（申请）执行；

（四）行政执法人员在行政执法过程中，存在贪污受贿、徇私舞弊、滥用职权、玩忽职守等行为的；

（五）行政执法人员在行政执法过程中存在侵犯公民、法人和其他组织合法权益的违法行为；

（六）上述行为尚未达到犯罪案件立案标准的。

第八条 民事行政检察部门应当在收到刑事检察部门监督案件线索后一日内到控告申诉检察部门登记，并移送相关材料，控告申诉部门接收案件材料后，应当在三日内移送民事行政检察部门办理。

第九条 民事行政检察部门、刑事检察部门应当在终结审查三日内将处理结果反馈至控告申诉检察部门。

第十条 办理部门应在线索审查办理结束后，三日内将处理结果告知移送部门备案。

第十一条 本工作办法由青岛市即墨区人民检察院负责解释。

第十二条 本办法自发布之日起试行。